KB057526

발도르프 성교육

부 모 되 는
철학시리즈
부모 노릇은 지구상에서 가장 힘들고 까다로우며 스트레스가 따른다. 동시에 가장 중요한 일이기도 하다. "부모되는 철학 시리즈"는 아이의 올바른 성장을 돕는 교육적 가치관을 정립하고 더 행복한 가정을 만들어 가는 데 긍정적인 역할을 할 것이다. 부모가 행복해야 아이들도 행복하다. 행복한 아이들, 행복한 부모, 행복한 가정 속에 미래를 꿈꾸며 성장시키는 것이 부모되는 철학의 힘이다.

부모되는 철학시리즈 12

발도르프 성교육
아동 발달을 토대로 한 성교육 지침

초판 1쇄 발행 | 2019년 4월 25일
초판 3쇄 발행 | 2023년 11월 30일

지은이 | 마티아스 바이스, 엘케 륍케, 미하엘라 글뢰클러, 볼프강 피벨, 만프레드 반 도른
옮긴이 | 이정희, 여상훈
발행인 | 김태영
발행처 | 도서출판 씽크스마트
주　소 | 경기도 고양시 덕양구 청초로 66, 덕은리버워크 지식산업센터 B동 1403호
전　화 | 02-323-5609 · 070-8836-8837
팩　스 | 02-337-5608

ISBN 978-89-6529-201-2　03370

• 잘못된 책은 구입한 서점에서 바꿔 드립니다.
• 이 책의 한국어판 저작권은 저자들과의 독점 계약으로 도서출판 씽크스마트에 있습니다.
• 이 책의 내용, 디자인, 이미지, 사진, 편집구성 등을 전체 또는 일부분이라도 사용할 때에는 저자와 발행처 양쪽의 서면으로 된 동의서가 필요합니다.
• 도서출판 <사이다>는 사람의 가치를 밝히며 서로가 서로의 삶을 세워주는 세상을 만드는 데 기여하고자 출범한, 인문학 자기계발 브랜드 '사람과 사람을 이어주는 다리'의 줄임말이며, 씽크스마트 임프린트입니다.

• 원고 | kty0651@hanmail.net

씽크스마트 • 더 큰 세상으로 통하는 길
도서출판 사이다 • 사람과 사람을 이어주는 다리

발도르프 상급학교

마티아스 바이스, 엘케 륍케, 미하엘라 글뢰클러,
볼프강 괴벨, 만프레드 반 도른 지음

이정희, 여상훈 옮김

추천의 글

전통적 성역할에 고착된 사고방식이 남성과 여성 모두를 짓누르는 한국사회에서 성교육을 반세기 전부터 정책적으로 비중 있게 다뤄온 독일 전문가들의 경험과 지혜가 담긴 성교육의 관점과 교류할 수 있어 고맙다.

"아이의 자연스런 성을 도덕적으로 억압하는 것은 불안하고, 소심하고, 복종적이고, 권위를 두려워하는 아이, '얌전하고 말 잘 듣는' 아이를 만들어낸다. 그것은 인간의 저항능력을 마비시키고, 성적인 사유를 금지함으로써 사유 일반을 억압하고, 비판능력을 거세한다. 성적 억압의 목적은 사적 소유의 질서에 순응하고 궁핍과 모멸 속에서도 그것을 참아내는 '국민'을 만들어내는 도구이다. … 성적 압박과 공포를 성적 충동이라는 살아있는 물질에 고정시킴으로써 인간의 재구조화가 이루어지는 것이다." (빌헬름 라이히, 1933)

독일은 민주시민을 길러내는 데 있어 정치교육과 환경교육 그리고 성교육을 3대 교육으로 삼아 정책적으로 실행하고 있다. 성교육을 교육현장에서 체계적으로 다루는 만큼 축적된 자료와 성과물이 방대하여 언론을 통해 한국에도 알려진 바 있고 이미 다른 교육 영역과 함께 소개되기도 했다.

그런데도 이 책의 출간이 반가운 것은 글쓴이들이 각자의 전문영역인 의학, 교육학, 심리학을 토대로 성에 대해 말하고 있기 때문이다. 성을 마주하는 방식은 각 영역에 따라 조금 다르지만, 일관된 관점으로 읽히는 것은 발도르프 교육학에 대한 기본적 개념과 가치를 공유하는 까닭일 것이다. 읽다 보면 발도르프 교육학적 배경이 인간 발달과 몸에 대한 사유를 깊이 있게 하도록 돕는다는 점을 새삼 확인하게 된다.

발달 시기에 따라 느낀 긴장과 혼란을 적절한 정보도 없이 견뎌온 성인들에게 성을 알아가는 과정은 불편하고 부담스러운 일이다. 설사 성을 이해하고자 노력하고 있으며, 표현하는 방식을 배워가면서 소통해야 한다는 사실을 안다 해도 실천적 삶을 살고 있지 않다면 성교육을 하기는 더더욱 어렵다. 그래서 성은 평생 배움이 필요한 영역이다.

이 주장에 동의한다면, 이 책을 함께 읽고 질문을 만들어가는 모임에서 각 장별로 교육방법을 모색하면서 사용하기를 권한다. 성교육을 고민하는 이들과 함께 어떤 관점으로 성을 만나야 하는지 점검하고, 인간 발달에 따른 특성과 행동에 관한 정보를 공유하는 데 좋은 자료가 될 것이다.

교육현장과 삶의 공간에서 모순과 투쟁하며 때로는 분노하고 좌절하면서 경험한 기록들을 기꺼이 나누는 것은 독자들을 통해 더 진화되길 기대하기 때문이다.

이 책이 시대적 감수성과 상상력을 지닌 이들을 초대할 수 있기를 바란다.

아하서울시립청소년성문화센터 전문강사, 여성사회교육원 교육이사

이권명희

어른들이 알아 두어야 할
성교육의 기본 방향을 제시하는 책

최근 성과 관련된 사회적 문제들이 다양한 양상으로 수면 위로 떠오르고 있습니다. 이런 현실을 보면서, 내 주변 사람들이 성추행이나 성폭행의 피해자가 되었다면 실제로 어떻게 대응해야 할지 자문하게 됩니다. 누구보다 우리 아이들이 피해를 입기 전에 부모와 교육자 스스로가 성에 대한 포괄적인 이해를 가져야 한다는 생각도 하게 됩니다. 이런 필요성에도 불구하고 우리에게 주어지는 성교육 자료는 그저 피상적인 정보에 그칠 뿐, 실질적이고 깊이 있는 전문서적은 매우 드문 것이 현실입니다.

더욱이 아동을 상대로 하는 성범죄나 학교 내의 성폭력 문제, 그리고 청소년기에 두드러지는 성의 정체성 문제를 두고 학부모 대부분은 아이를 위한 성교육이 예방적 차원에서 빠를수록 좋다고 생각합니다. 이런 요구에 따라 학교에서는 이미 오래전부터 성교육이 의무화되었고, 유아 현장에서도 여러 매체를 통한 '조기 성교육'의 바람이 불고 있습니다. 하지만 빠르게 정착된 성교육의 내용이 과연 아이들에게 바람직한 것인지, 그리고 현재의 교육 방법이 적절한지 꼼꼼히 돌이켜 보아야 할 시점이 왔다는 견해가 많습니다.

이 자료는 아동 발달과 관련하여 어른들이 알아 두어야 할 성교육의 기본 방향을 제시합니다. 가정과 교육 현장에서 아이들이 겪는 성의 발달에 어떻게 동행하고 성교육을 언제 시작해야 할지 안내합니다. 발도르프 교육학자와 소아청소년과 의사, 심리상담 치료사가 교육적 관점에서 성에 대한 핵심을 설명합니다. 나아가 여러 분야의 전문가가 서로 다른 관점에서 문제 상황에 따른 대응법과 예방적 조치를 제안합니다. 이로써 이 책은 넓은 의미의 교육자들(학부모, 예비 부모, 영유아 현장과 학교의 교사, 성교육 전문 강사 등)에게 성교육을 보는 새로운 시각을 제시해줄 것입니다.

이정희

차 례

1. 아동 발달과 성 · 14

마티아스 바이스 Mathias Wais

4. 성교육 II · 105

만프레드 반 도른 Manfred van Doorn

1. 아동 발달과 성

Wais, M., *Entwicklung zur Sexualität - Begleitende Erziehung und Aufklärung*, Nr. 5 in der Reihe *Recht auf Kindheit - Ein Menschenrecht*, Internationale Vereinigung der Waldorfkindergarten e.V.

2. 유아기의 성교육을 언제, 어떻게 시작할 것인가?

Rüpke, E., *Am Anfang steht Missverständnis*, Zeitschrift *Erziehungskunst*, Jan. 2015.

3. 성교육 I

Goebel, W. u. Glöckler, M., Aufklärung, aus: Kindersprechstunde - Ein medizinisch-pädagogischer Ratgeber, S. 540~562

4. 성교육 II

van Doorn, M., *Erziehung und Sexualität*, aus: *Sexualität: Zwischen Geist und Sinnlichkeit*, S. 85~94

1.
아동 발달과
성

마티아스 바이스
Mathias Wais

발도르프
성교육

우리가 다루려는 주제는 다양한 측면을 담고 있다. 우선 전체적으로 무엇이 정상인가를 물어야 한다. 여기서는 무엇을 염두에 두어야 하는가? 유아들이 곧잘 하는 이른바 '의사놀이'를 어른들이 어떻게 바라보고 이해해야 하는지를 곰곰이 살펴보도록 한다. 의사놀이를 둘러싼 질문에 교육적으로 적절히 대처하고 설명할 수 있으려면, 무엇보다 아동의 발달 단계를 제대로 알아야 한다. 따라서 아동 발달을 총체적으로 그려볼 수 있도록 갓난아기부터 청소년기에 이르는 아동의 성장과정을 전반적으로 살펴보면서 성교육의 방법을 찾아본다.

비너스의 탄생, 1879, 윌리암 부그로

영아기(만 3세 미만)

영아는 편견 없이 대상을 만진다

아이들이 성장하면서 성의 의미를 묻고 성에 대해 관심을 기울이는 이유를 이해하려면, 먼저 몇 가지 질문을 던져 보아야 한다. 나이에 따라 아이가 세상과 관계를 맺는 방식은 어떻게 달라지는가? 성에 대한 질문은 언제, 왜 일어나며, 아이의 발달 과정에서 그 질문은 어떤 역할을 하는가? 우리가 우선 확실하게 관찰할 수 있는 것은 영아들이 자신의 환경, 주변 사람들, 주거 상태 등에 직관적으로, 그리고 온전히 느낌으로 연결되어 있다는 사실이다. 영아는 자신을 둘러싼 세상과 거의 하나이다. 이렇게 주변에서 일어나는 모든 일을 신뢰하고 받아들이는 영아는 그것들과 기본적인 요소를 함께 체험하며 세상일에 깊숙이 빨려든다. 이것은 영아에게 이해의 차원을 넘어 깊은 의식의 문턱까지 도달하는 강렬한 체험이다. 우리는 이것을 공명(共鳴)이라고 표현할 수도 있을 것이다.

생후 첫 7년 주기(만 7세까지) 동안 영·유아는 내면적으로 세상에 대한 관심이 특별하다. 세상을 향한 이런 특성은 여아든 남아든 비슷하다. 영아는 세상을 남성적이며 동시에 여성적인 시각으로 들여다본다. 다시 말해 영아는 아무런 선입견 없이 눈에 보이는 대상과 현상에 바짝 다가서서 그것을 움켜잡고 거리낌 없이 만져본다는 것이다. 이것을 우리는 흔히 남성적 몸동작이라고 말한다. 또한 영아는 대상과 현상에 놀라면서 속을 터놓고 깊숙이 받아들이는 자세도 보인다. 이것은 여성적 몸동작이라고 불린다. 느낌으로 세상과 온전히 하나가 되어 있는 영아는 이런 의미에서 아직 남성적 몸동작과 여성적 몸동작을 동시에 지닌다. 이로써 영아는 자신들만의 통제력과 평상심으로 세상을 마주한다. 어른은 노인이 되어야 그런 상태에 다시 도달할 수 있다.

영아는 남성적이며 동시에 여성적으로 세상을 마주하고 있고, 따라서 내면적으로는 '성에서 자유로운' 상태이다. 이는 사춘기에 들어서야 신체 내부의 성적 기관들이 성숙하여 기능할 수 있기 때문에 그 이전에는 자유롭다는 의미이기도 하다. 결국 영아는 타인을 향해 어떤 성적 욕구도 없으므로 '성에서 자유로운' 상태인 것이다.

영아에게서 나타나는 성적인 행동은 세상에 대한 순진

무구한 관심, 세상을 사랑하고 놀라워하는 마음에서 일어나는 행동에 지나지 않는다. 아무튼 영아에게 자신의 몸은 바로 이 세상의 한 부분일 뿐이다. 영아의 몸은 누구나 일반적으로 지니고 있는 느낌을 경험한다. 영아에게 몸이란 세상의 다른 부분들과 마찬가지로 그저 한 부분에 지나지 않고, 따라서 자신의 몸을 자연스럽게 탐색하려 든다.

영아의 성적 표현

아이가 신체 일부에 깊이 몰두하며 관심을 기울이는 표현들을 성과 관련지어 살펴보자.

아이는 제 몸의 일부인 작은 발가락이나 배꼽을 제대로 탐색하려고 손가락으로 만지작거린다. 마찬가지로 남아든 여아든 자기 성기를 자연스럽게 만지작거리며 탐색한다. 아이가 자기 성기를 만지는 행동은 다른 신체 부위, 예컨대 손가락이나 발가락을 만지며 노는 것과 똑같다. 옷을 벗고 자신의 몸을 드러내기를 좋아하는 아이도 있는데, 이런 행동에서 즐거움을 느끼는 것도 이 연령대에서는 정상이다. 그 상황을 보고 부모는 아이와 함께 놀아줘도 된다. 남자아이가 속옷을 추켜들고 부모에게 성기를 내보이는 경우에도 어른은 당황

하지 말고 기뻐하고 놀라워하는 것이 바람직하다. 이런 상황에서 아이를 꾸짖거나 벌을 주기도 하고 관심을 다른 곳으로 돌리려 하는 경우가 많다. 아니면 아이의 행동을 몹시 반기면서 과장된 반응을 보이기도 한다. 아이의 이런 놀이를 대수롭지 않게 여기거나 별것 아닌 듯 대하기도 한다.

아이가 자신의 신체를 탐색하는 놀이를 두고 어른들이 곤란해하면서 쳐다보고 슬쩍 넘어가는 것은 적절하지 않다. 그보다는 사람의 몸이 이 세상에 존재하고 또 그 몸에 성기가 있다는 사실을 아이와 함께 즐겁게 받아들이려고 노력하는 것이 좋다. 어린아이는 자신의 온몸을 가지고 놀아도 아무런 문제가 없기 때문이다.

영아들이나 조금 더 자란 유아들에게 일어나는 발기 현상은 반사적 작용이며, 아이는 그 상태에서 자연스럽게 쾌적한 느낌을 얻는다. 이런 반사적 적용은 있는 그대로 자연스럽게 여기고 특별히 주목하지 않는 것이 좋다. 영아가 자신의 발기된 성기를 만지며 노는 것도 그대로 내버려 두는 것이 좋다. 다만 이런 상황에서 어른은 장난으로라도 아이의 생식기를 만져서는 안 된다.

만 4~5세 무렵의 아이가 때때로 본격적으로 자기만족을 느낀다 해도 어른이 불안해할 필요는 없다. 그런 만족감은 그

19

무릎을 꿇은 레다와 그녀의 아이들, 16세기, 잠페트리노

다지 해로운 것이 아니므로 과장되게 반응하지 않고 그대로 내버려 두면 된다. 아이가 생각 없이 자신의 성기를 만지는 데 몰두하여 노는 것은 자기 코를 후비는 것보다 더 극적인 행동이 아니다. 성기를 만지며 노는 것을 어른이 전혀 요란하게 받아들이지 않으면, 몇 주가 지나면서 대다수 아이들이 그런 행동을 그만둔다.

앞에서 서술한 대로 이처럼 자기만족에 빠지는 독특한 과정을 통과하면서 아이는 처음으로 자신을 둘러싼 세상과 주변 사람들에 직접 연결되어 있던 상태에서 벗어난다. 대략 만 5세가 되어야 아이는 비로소 엄마와 아빠가 근본적으로 다르다는 것을 알게 된다. 남성의 성과 여성의 성을 구별하는 의식이 싹트기 시작하는 것이다. 그전까지만 해도 엄마와 아빠는 하나의 통일체를 이루는 두 인물인 동시에 일종의 원초적 보호막을 형성해주던 존재였다. 그런데 이제부터 아이는 이런 통일체의 분리를 겪으며, 이 근원적 인물들 즉 자신의 근원이 되는 두 인물이 양극을 이루고 있음을 체험하게 된다. 물론 그 이전에도 아이는 이미 여자와 남자가 있다는 사실은 알고는 있다. 하지만 그런 구별은 아이가 사람을 접촉하는 구체적인 상황에서는 그다지 중요하지 않았다. 그렇기 때문에 만 4세짜리가 할머니에게, "할머니는 남자야, 여자야? 말해 봐요!" 하고 질문하는 것이다. 만 6세 정도 되면 아이는 더 이상 이런 질문을 하지 않는다.

이 시기에 아이들이 하는 의사놀이도 이상한 일이 아니다. 주변 세계의 이것저것을 탐색하고 싶어 하는 아이가 친구의 몸을 탐색하고 싶어 하는 것은 당연한 일이고, 또 해야 하는 일이기도 하기 때문이다. 아이들이 열중하는 의사놀이 상황을 눈에 안 띄게 면밀하게 관찰하면 다음과 같은 사실을 확인할 수 있다. 의사가 된 아이가 친구의 생식기 부위만 집중하여 관찰하는 경우란 거의 없다. 그보다 아이는 그 부위가 친구의 몸을 구성하는 자연스러운 부분임을 확인하려 한다. 이럴 때는 어른이 아이를 조용히 내버려 두고 개입하지 않아야 한다.

의사놀이 중에 아이가 하는 신체 탐색은 전혀 성적인 내용을 담고 있지 않다. 아이가 놀면서 친구의 몸을 만지고 조사하는 행위는 성적 욕구 즉 다른 사람을 통해서 신체적 쾌감이나 긴장 완화를 얻으려는 간절한 욕구와는 전혀 상관이 없기 때문이다. 아이의 이런 '성적' 행동은 결코 누군가를 향하거나 상상하는 가운데 이루어지지 않는다. 자기 성기를 만지며 자위행위를 하는 경우에도 아이는 어떤 사람과의 성행위를 상상하지 않는다.

요약하면, 아이들이 좋아하는 의사놀이는 전혀 해로운 것이 아니다. 의사놀이는 특정 인물이나 친구 중에서 한 아이를 구체적으로 지향해서 하는 행위가 아니다. 그것은 아이가 사람의 몸에 관심을 두고 행하는 놀이일 뿐이다.

정상적으로 성장, 발달한 아이는 결코 성적 자극을 찾지 않는다. 성적 자극은 성인의 성에서 나타나는 특징일 뿐이다. 아이는 신문가판대에 꽂혀있는 황색 신문의 음란사진에도 관심을 보이지 않는다. 혹시 아이가 엄마의 가슴을 더듬거나 음모를 잡아당겨도, 이것은 성범죄자가 될 자질을 말해주는 것은 아니라 세상에 대한 관심의 표현일 뿐이다.

이에 비해 어른에게 성은 현실에서든 상상 속에서든 늘 타인과 연결되어 있다. 하지만 아이가 성과 관련된 신체 부분을 만지고 탐색하는 것은 타인과는 상관없이 이루어진다.

요컨대 특별한 방해 없이 커가는 아이에게 어른이 이해하는 성적인 행위란 없다. 자신의 몸과 부모나 친구의 신체를 탐색하는 것은 자연스런 일이다. 물론 몸을 둘러싼 어린 시절의 자연스러운 체험이 훗날의 성생활에서 되살아나기도 한다. 그리고 아이는 사랑과 관심과 부드러운 신체적 접촉을 많이 좋아한다. 하지만 그것은 어느 경우에도 성적 욕구가 아니다.

이 시기 아이의 행동을 성과 연결하여 문제 삼는 것은 어른과 아이 사이에서 생긴 오해 때문임이 확실하다. 성적인 내용이 없는 아이의 행동을 성적인 것으로 파악하는 어른의 태도가 문제인 것이다. 어른은 아이의 세계에서 일어나는 것을 아이의 세계가 아니라 자신의 세계와 관련지어 생각한다.

대개 만 4세나 5세, 늦어도 만 7세 무렵이면 아이는 저절로 수치심이라는 감정이 생긴다. 여아는 만 4세쯤이 되면 옷가지를 걸치고 싶어 하는데, 특히 사람들 앞에서 벌거벗고 다니지 않으려 한다. 따라서 아이에게 따로 수치심이라는 감정을 가르칠 필요는 없다. 이 감정 또한 저절로 생기도록 놔두고 기다려주는 것이 가장 좋다. 교육적으로 부끄러움을 가르치려고 말로 설명해주는 것은 부질없는 일이다.

유아기(만 3~7세)

출생과 관련된 유아의 질문

첫 번째 7년 주기 가운데 세 돌이 지나고 만 6세까지 유아 현장에서는 성과 관련하여 아이가 던지는 질문에 최대한 진지하게 답해야 한다. 그렇지만 부모가 먼저 그런 주제로 말을 꺼내지는 말아야 한다. 아이가 던지는 질문에 답할 때 무엇보다 지켜야 할 규칙은, 아이들의 질문에 아주 사실적으로 답변할 필요가 없다는 것이다. 아이에게 '내면의 상(像)'을 줄 수 있는 설명이면 충분하다.

예를 들어, 유아는 흔히 사람의 탄생 과정을 궁금해하며 묻는다. 여기서 중요한 점은 아이가 실제로 무엇을 알고 싶고 듣고자 하는지 파악하는 일이다. "난 어디서 온 거야?" 또는 "아이들은 대체 어디서 오는 거야?"라는 질문은 성적이나 신체적인 근원을 묻는 것이 아니다. 이 질문은 훨씬 더 포괄적으로 영혼적이며 정신적인 뜻을 담고 있다. 그런 질문을 두고 어른이 신체적인 탄생 과정만 설명한다면 아이는 실망할 것이다. 오히려 아이는 내가 어디서 왔으며 '나'라는 존재의 출처는 어딘지 알고 싶은 것이다. 바꾸어 말하면, 태어나기 전에 나는 어디에 있었는가를 듣고 싶어 한다. 아이는 사람의 정신적 근원을 묻고 있는데, 사실 아이 자신은 그 정신적 근원을 직관적으로 알고 있다. 따라서 이런 물음에 대한 적절한 답변은 정확한 사실 묘사가 아니라 영혼의 자양분을 담은 내면의 상을 주는 것이면 충분하다. 아이는 자신이 직관적으로 알고 있는 것을 확인하고 싶을 뿐인 것이다.

탄생과 관련한 물음에는 다음과 같이 대답할 수도 있다.

"구름 속 아득히 먼 곳에 넓은 초원이 있는데, 그곳에서 네가 아주 많은 사람들과 함께 살고 있었단다. 그런데 어느 날 사랑하는 하느님이 너를 불러 엄마 배 안으로 보냈고, 너는 엄마 배 안에서 보호를 받고 따뜻하게 자랄 수 있었지. 엄마, 아빠는 때마침 아기를 기다리고 있었거든. 한참 동안 자라나서 엄마 배가 점점 비좁아지는 바람에 넌 세상 밖으로 나오고 싶어 했어. 그래서 엄마는 너를 밖으로 내보내고, 포근하고 따뜻하게 널 입혔단다. 엄마는 너에게 따뜻한 젖을 먹이고 부드러운 아기 침대 위에 뉘었지."

탄생에 대한 이런 식의 설명은 거짓말을 전하는 것이 아니다. 아이를 매우 진지하게 대하는 엄마가 아이의 세계와 아이의 특성을 생각하고 체험하는 가운데 아이에 맞게 접근하여 얘기한 것이기 때문이다.

이와는 달리 아이의 탄생을 아주 사실대로 설명한다면 이럴 것이다. "딱딱해진 아빠의 음경이 엄마의 질 속으로 들어가서 씨앗을 넣어주었는데, 그게 엄마 배 안에 있는 알과 합쳐져서 네가 생긴 것이란다." 하지만 이런 설명은 어른 세계의 물질주의적 관점에서 나온 답변일 뿐이다.

엄마가 다달이 피 묻은 생리대를 처리하는 것을 본 아이가 이에 대해 묻는 경우에도, 피에 대해 지나치게 사실대로 대답하기보다는 다음과 같이 생리 현상을 상(像)으로 그릴 수 있도록 말해주는 것이 좋다. "엄마 배가 달마다 따뜻한 피로 청소되는 거야. 엄마 배 안은 항상 깨끗하고 부드러워야 한단다. 그래서 너도 그 안에서 자랄 수 있었던 거야."

아이에게 임신 과정을 설명할 때 남자의 사정이라든가 여자의 젖꼭지가 불어나는 것 같은 생물학적인 정보를 세밀하게 말할 필요는 없다. 아이는 그와 같은 생리적 '지식'을 도무지 이해할 수 없거니와, 그런 지식은 아이의 세계에 속하는 것이 아니기 때문이다. 아이는 사실에 입각한 정확한 설명의 깊은 뜻을 새기며 이해할 수도 없다. 아이는 어른의 사실

레다와 백조, 미켈란젤로

적인 설명을 놀이를 통해 행동에 옮기고 모방하게 되는데, 이를 두고 어른은 아이가 성적인 행위를 한다는 인상을 받는다.

여기서 독자들의 오해가 없기를 바란다. 유아기 아이가 임신 과정과 성적인 사실들을 반드시 알아야 하는 것은 아니라는 것이 필자의 견해이다. 그런데 어린 동생이 태어나는 것을 가까이에서 보는 등의 경험으로 아이가 그런 질문을 던지는 경우, 우리는 아이의 나이에 걸맞은 방법으로, 다시 말해서 사실적인 설명이 아니라 '상(像)'으로 자연스럽게 알려주면 충분하다. 하지만 동시에 유아기 아이가 성적 기관을 확실하게 이해해야 한다는 것, 그리고 아이가 부모와 그 기관에 대해 편안하게 이야기할 수 있어야 한다는 것도 필자의 견해이다.

아동기(만 9~10세 경)

임신에 관한 아동의 궁금증

만 9세가 된 아동이 성과 관련하여 궁금해하고 질문을 던지면, 어른은 유아에게 하던 답변과 전혀 다른 방식으로 응해주어야 한다. 이 시기에 아이는 내면에서 새로운 감정이 싹튼다. 세상에 대한 미묘한 거리감이 다시 한 번 아이의 내면에 등장하는 것이다. 이때부터 아이는 부모와 교사와 세상이 종종 낯설고도 수수께끼 같다고 느낀다. 아이는 눈에 보이는 현상을 의문 없이 받아들이는 대신 비판적으로 그것을 바라보게 된다. 걱정할 일 없던 유아기가 완전히 끝났을 가능성이 높은 때가 온 것이다.

아이는 부모와 교사에 대해 가졌던 자연스러운 권위를 의심하기 시작한다. 이 시기에 어떤 아이들은 잠시나마 죽음에 대해서도 생각한다. 이는 전형적으로 성에 대한 관심의 등장에 따라오는 내적인 균열이다. 이 연령대의 아이도 자신의 출생에 대해 묻는데, 이번에는 관심의 방향이 완전히 다르다. 이 시기에 아이는 '개구멍받이 판타지'를 펼치는 것이 보통이다. '지금의 엄마, 아빠가 날 낳은 것이 아니다. 난 집시의 아이, 아니면 귀족이나 기사의 자식으로 태어났다가 버려졌는데, 지금의 부모님이 날 발견하여 키워준 거야.' 이런 주어 온아이라는 공상은 성적 질문으로 바뀐다. "아기는 어떻게 엄마 배 안으로 들어가는 거야?"

이럴 때 아이를 깨우치는 것은 한두 번의 대화가 아니다. 오히려 아이가 자연에서 성장과 소멸 그리고 다시 새로운 성장이 이루어진다는 의식을 갖도록 돌보는 것이 필요하다. 이를 바탕으로 출생 과정을 사실적으로 묘사해줄 수도 있다. 어느 경우에나 정신세계에서 온 영혼적이고 정신적인 본질의 핵에서 사람이 탄생한다는 암시를 설명 속에 늘 포함하는 것이 바람직하다. 여기서 다시 한 가지 예를 들어 본다.

"너를 위해서 몸을 만들고 키우는 숙제를 받았을 때 엄마 아빠는 무척 기뻤단다. 너를 잉태하게 된 과정을 이야기해줄게. 엄마와 아빠가 사랑하면서 포옹하고 애무하다가 아빠의 음경이 엄마의 질 속으로 들어갔고, 아빠는 엄마를 꼭 껴안아 아빠의 정자가 엄마 배 안으로 들어가게 했지. 그래서 엄마 자궁 안에 있는 난자와 아빠의 정자가 만나서 네 몸이 생겨나게 되었단다."

소녀와 풍선, 뱅크시

　　이때 우리가 알게 되는 것은, 어른들과는 달리 아이는 이런 내용을 그다지 성과 관련된 행위로 받아들이지 않는다는 사실이다. 만 9세 무렵의 아이는 자신이 느끼는 모순이 해결되기를 바랄 뿐이다. 즉, 한편으로는 자신을 유일무이한 존재로 느끼면서 다른 한편으로는 자신이 신체적으로 부모에게서 유래한 것이어서 자기 존재가 부모의 연속임을 느끼는 모순적인 상황에 대한 설명을 구하는 것이다. 어른은 이런 모순된 상황으로 인한 아이의 긴장을 간단히 제거하려 해서는 안 된다. 이 긴장으로 인해 아이가 다시 의사놀이를 하는 경우도 있다. 또한 아이는 또래의 이성에 대해 약간 반감을 품으며 멀리하는 모습을 계속 보인다.

　　이때부터 아이들은 성별을 나누고, 자기 생일잔치에 동성 친구들만 초대하고 싶어 한다. 여자아이는 부모에게 흔히 이런 말을 한다.

　　"우리 반 남자애들은 모두 좀 웃기고 멍청해 보여요."

　　이 시기에 우리가 보게 되는 것은, 아이가 그때까지 훨씬 자연스럽게 친밀히 지내던 주변 사람들에 대해 성별을 기준으로 새삼 거리를 둔다는 사실이다.

이 단계가 지나면서 사춘기 직전까지는 성별에 대한 아이의 관심은 저절로 가라앉는다.

사춘기 전 단계(만 10세~13세)

놀이의 소재일 뿐인 성

만 10~11세가 되면 아이는 자신이 보호받는 존재에서 점점 벗어나고 있음을 느낀다. 이제 곧 유년기가 끝나고 자신이 세상에 혼자 서게 되리라는 것을 어렴풋이 아는 것이다. 이 시기의 아이는 내적인 것과 외적인 것을 확연히 구분하고, 외적인 것에서 내적인 것을 더 이상 체험할 수 없음을 알게 된다. 내면세계와 외부세계를 구분하는 것은 만 10세에서 13세 사이에 일어나는 발달 단계의 과제이다. 바로 이 시기에 성의 영역을 이해하는 것은 중요한 의미를 지닌다. 즉, 아이는 성이라는 주제에 이 내적인 것과 외적인 것 사이에서 생기는 긴장이 들어 있음을 느끼는 것이다. 그래서 성적인 '소재'에 호기심을 발동하며 큰 관심을 보인다. 아이의 이런 호기심은 그저 자신의 흥미를 위한 것만이 아니다. 적극적이면서도 은밀하게, 그리고 과감하면서도 부끄러워하며 이런 성적인 소재에 몰두하는 가운데, 내면과 외면, 보호와 노출, 내밀한 것과 공공연한 것 사이의 긴장을 실험한다. 성적인 의도가 분명한 선동적인 말을 통해 내밀한 영역에 있는 것을 슬쩍 바깥으로 드러낸다. 이런 실험은 재미있기도 하지만 동시에 수치심과 죄책감을 동반한다. 그것이 원래 내면의 영역에 속하는 것임을 알기 때문이다. 아이가 수치심과 죄책감을 느낄 수 있는 것은, 자신이 외부를 향해 하는 행동이 내면을 향해 요구하는 것과 다르다는 사실을 체험하기 때문이다.

이 시기의 아이는 수치심과 죄책감, 양심의 가책 등을 통해 자신과 외부세계의 경계를 알게 되고, 이로써 내밀한 '나'를 경험한다. 수치심을 느끼는 가운데 아이는 내면의 '은밀'한 영역을 장난치듯 마음대로 움직여 본다. 이 연령대의 아이 가운데 일부는 거짓말하고 물건을 훔치기도 하며, 몰래 패거리를 만들어 행동하기도 한다. 하지만 이 발달 과정에서 아이는 밖으로 드러냄과 숨김, 선동과 은폐, 내부와 외부 등의 양극단을 적극적으로 실험해보고 싶어할 뿐, 성적 판타지나 욕구를 채우는데 초점을 맞추지 않는다. 이 시기의 아이는 아직 성의 내적인 부분을 전혀 지니고 있지 않다. 오히려 성은 사춘기 직전의 아이들에게 놀이의 소재일 뿐이다. 아이의 이런 내면 상태를 부모나 교육자가 제대로 파악해야 하는 이유가 바로 그것이다.

사춘기의 시작

사춘기로 접어들면서 청소년들은 급작스럽게 세상과 거리를 두고 자기 자신에게 의존하게 된다. 내면의 발달 과정에서 세상과의 관계가 세 번째 균열을 맞이하는 시기이다. 이제 생리적으로 소위 2차 성징이 나타나고, 이와 함께 생식에 대한 관심이 새롭게 커질 뿐 아니라 제대로 된 성 의식이 생긴다. 사춘기가 되어야 비로소 청소년 스스로가 좁은 의미의 성을 느끼는 것이다.

사춘기 바로 전에 남자아이들은 무엇이 자기에게 다가오고 있는지 감지한다. 만 11세, 12세 무렵부터 남자아이들은 자위행위에 완전히 몰두하기 시작한다. 그런 시기에 도달하기 전에 몽정이 무엇인지 설명해주는 것이 좋다. 이런 생리적 현상은 곧 남성이 된다는 표시, 그래서 언젠가는 아버지가 될 수 있다는 표시이므로 기쁜 일이라고 설명해야 한다. 마찬가지로 여자아이들은 초경을 치르기 전에 월경과 여성의 의미에 대하여 설명을 듣는 것이 좋다. 이때 대단히 중요한 것은, 월경이 대수롭지 않은 일이라거나 고통스럽고 힘든 일이라고 설명하지 않고 어머니가 될 능력과 준비의 표징으로 대단히 의미 있는 일이라고 인식시키는 것이다. 동시에 월경, 임신, 출산에 고통이 따른다는 사실을 숨기지 말고 언급해 두는 것이 바람직하다.

남자아이들에게도 사춘기 전에 예방적 차원에서 여자아이들의 월경에 대해 가르쳐주는 것이 바람직하다. 그렇지 않으면 이 시기에 월경에 대한 여러 가지 무의미한 망상에 빠져들 수 있기 때문이다.

사춘기를 거치는 동안, 또는 그 이전이라도 아이들이 성과 관련하여 구체적인 질문을 던지는 경우에는 성교에 관한 구체적인 사항이나 분만 과정을 상세하게 설명해주는 것이 좋다. 그런 내용을 우연히 밖에서 보고 듣는 방식은 위험하다. '거리에서 이루어지는 성교육'을 미리 방지할 수 있도록 그런 것들을 사춘기 전부터 서서히 설명해주는 것이 바람직하다. 말해주지 않아도 어차피 바깥에서 보고 듣고 알게 될 사항이기 때문이다. 그러므로 중요한 것은, 아이가 아무런 준비도 없는 상태에서 그런 내용을 주워들어 알게 되도록 내버려두지 말아야 한다는 사실이다. 아이에게 강한 인상을 남기는 것은 이 주제에 관해 가정에서 보이는 부모의 태도이기 때문이다. 집에서 부모가 성을 품위 있게 대하는 모습을 본 아이는, 오늘날 다양한 매체를 통해 일찍이 거리에서 얻는 정보, 그리고 언니(누나)나 오빠(형)들로부터 배우는 것을 흥

내내기는 하지만 내면적으로 받아들이지는 않는다.

사춘기에 자위행위가 과도하게 나타나더라도 어른이 벌을 주거나 도덕적으로 비난하는 식으로 반응하지 않는 것이 교육적으로 중요하다. 이것은 자기 신체의 일부분인 성기 그리고 성기를 통해 얻는 느낌을 처음으로 알게 해주는 일이자 임시변통적인 조치일 뿐이다. 청소년기 아이들은 이 행위가 과도기적인 해결책임을 스스로 체험한다.

결론적으로 성을 깨우치는 교육적 내용이나 방법이 자칫 잘못되어 성행위를 부추기는 쪽으로 흘러가지 않도록 세심한 주의가 필요하다.

사춘기 자녀와 나누는 성에 관한 대화

우리는 사춘기 아이들과 성에 대한 대화를 나누면서 도덕적인 것을 모조리 피해갈 수도 있다. 하지만 청소년기 자녀에게는 부모 자신이 그 시기에 겪은 경험, 그리고 그와 관련된 다양한 시도를 자주 곁들여가며 이야기하는 것이 도움이 된다. 예를 들어 딸아이가 비좁고 꼭 끼는 답답한 스웨터를 입어서 풍만한 젖가슴이 너무 두드러지면, 엄마는 이렇게 말할 수도 있다. "젊은 시절 엄마도 풍만한 젖가슴을 드러내고 싶었고, 그러면서 어떤 때는 그런 젖가슴이 무슨 의미가 있는지 잘 몰랐기 때문에 약간 귀찮게 여긴 적도 있었단다." 하고 말이다.

또는 부모가 아들 방에서 포르노 잡지를 발견해도 기겁할 필요는 없다. 부모는 자녀에게 이렇게 표현하는 것이 바람직하다. "성이라는 것이 엄마 아빠의 인간적인 만남을 한층 풍요롭게 해주었어. 아들도 엄마 아빠처럼 그런 경험을 하게 되기를 바란다. 그런데 성행위 장면을 찍은 사진들은 성의 본질인 인간적인 만남의 심화를 보여줄 수는 없단다."

비너스의 탄생, 1482, 보티첼리

아이 발달에 맞는 대화법

아이가 성적인 것에 관하여 전혀 질문하지 않는데도 우리가 나서서 성에 관해 알려주어야 하는지는 쉽지 않은 문제이다. 이런 상황에 대한 일괄적인 답변은 없다. 먼저 아이의 나이를 고려해야 하며, 특히 아이의 내적 특성이 중요하다. 필자의 주요 활동 분야에 성적 피해자들 문제가 속해 있고, 그래서 성에 대해서는 아이의 발달 정도에 맞춰 조금 미리, 그리고 바르게 알려주는 것이 중요하다는 입장이다.

성적 피해를 본질적으로 예방하기 위해서는 빠르고 명확한 계몽이 필요하다. 그러려면 아이에게 암시적인 설명을 길게 늘어놓는 것이 아니라, 아이에게 맞는 방법으로 관련 사항들을 구체적으로 지칭해서 가르쳐야 한다. 아이가 성적인 것에 대하여 전혀 묻지 않으면, 질문을 이끌어내기 위해 자극을 주는 시도를 해볼 수도 있다. 예를 들어 친척이나 이웃이 아기를 낳으면, 그런 주제를 끄집어낼 좋은 기회가 된다. 아니면 한적한 시간에 아이와 대화하며 직접 물어본다.

"네가 어떻게 세상에 태어났는지 알고 있어?" 또는 "네가 세상에 태어났을 때 어떠했는지 얘기해줄까?"하는 식이다. 그런 다음 임신이 아니라 탄생 얘기를 먼저 하고 나서 시간상 그 앞에 일어난 것을 얘기해준다. "그리고 이제 네 몸이 어떻게 엄마 배 안으로 들어왔는지 얘기해 줄게." 이때는 아이의 연령에 적절한 언어를 사용하고, 또 어른 자신이 몸과 마음으로 겪은 아주 개인적인 이야기를 들려주는 것이 좋다.

수줍은 성격의 아이라면 그것에 대해 더 묻지 않고 듣기만 할 수 있다. 아무 말을 하지 않아도 괜찮다. 아이에게는 부모와 함께 그런 이야기를 나누는 경험 자체가 중요하다.

청소년과의 대화법

사춘기 이후에는 성교육과 관련하여 전과 다른 상황이 펼쳐진다. 우리가 성에 관하여 말할 때 대부분의 청소년은 부분적이라도 성이 무엇인지는 이미 알고 있다. 부모는 이제부터 자녀에게 대화 상대가 될 수 있다. 그래서 예컨대 성과 관련하여 피임, 에이즈, 동성애 등과 같은 주제로 자녀들과 터놓고 토론할 수 있다. 그러나 부모는 청소년기의 자녀에 대해 본질적인 의미로 교육하는 일은 이제 더 이상 가능하지 않다. 필자의 소견으로는, 이런 문제들에 관해 청소년기의 자녀가 자신의 길을 조용히 찾아갈 수 있도록 용기를 북돋워 주는 것이 바람직해 보인다. 가장 중요한 부분은 젊은 사람에게 성적 능력이 무엇을 의미하는지, 그 본질을 개별적으로 찾아가게 하는 것이다. 집에서 도덕적으로 억압받거나 밖에서 무엇인가를 해내야 한다는 압력을 받으면, 청소년 개개인이 성적인 능력을 갖춘 존재가 의미하는 바를 찾아내는 데 도움이 되지 않는다.

오로지 부모는 훌쩍 커버린 자녀에게 대화 상대가 되어 줄 수 있어야 한다. 그런 대화의 제안이 받아들여질지는 또 다른 문제이다. 성장한 자녀를 상대로 부모가 그 어떤 것을 염두에 두고 마음을 움직이려 하거나 도덕적으로 훈계하려는 자세를 취할 때, 대화의 제안은 결코 받아들여지지 않을 것이다. 자녀가 만 16~17세가 되면, 이제 부모는 자녀를 풀어 놓을 수 있어야 한다. 이 연령대의 청소년을 상대로 하는 이 분야의 교육학은 교육이라는 측면에서 어느 정도 소극적이어야 한다. 청소년들은 성에 관하여 또래끼리 자주 이야기를 나눈다. 그리고 이런 대화가 이 연령대에서는 가장 강렬한 인상을 남기는 경험이 된다. 자녀가 만 14세가 될 때까지 성교육 영역에서 부모가 자녀를 신뢰하는 것이 이후 자녀의 성적 성장에 가장 큰 도움이 된다.

앞서 이루어진 성교육의 목적은 유년기 아이가 점점 독립적으로, 다시 말해 부모 없이도 삶의 이런 영역에서 스스로 헤쳐 나갈 수 있도록 하는 것이었다. 그것이 만 15세 무렵의 청소년을 위한 성교육의 출발점이다. 그렇다면 성교육은 언제쯤 완성되는가? 우리가 성교육을 '완성하는' 것이 과연 중요할까? 성교육이란 걸 도대체 '완성할' 수는 있는가? 장년이 된 우리 성인은 성교육 분야를 완성했을까?

성과 관련해서는 우리 성인들도 여전히 미완성이라고 인정해야 할 것이다. 성인이 모든 것을 훨씬 더 잘 안다고 치더라도 더 잘 실천하는 것은 아니다. 우리 성인들도 한평생 배워야 하는 영역이 바로 성이라고 젊은이들에게 알려주어야 한다. 젊은이들이 성인의 진솔한 말을 진지하게 받아들이는 것, 우리를 믿고 스스로 말하게 하는 것이야말로 도움이 된다. 청소년 자녀는 더 이상 아이가 아니므로, 우리는 이제 동등한 대화의 파트너를 앞에 두고 있는 것이다. 그렇다면 성 문제에서 성인은 청소년들과 어떤 대화를 나눌 수 있을까?

필자가 보기에 무엇보다 중요한 것은, 우리 어른들이 구체적인 조언이나 힌트를 주기 보다는 청소년들로 하여금 성과 관련된 경험에 관심 있는 태도를 갖도록 용기를 북돋우는 것이다. 성은 끊임없이 배워야 하는 영역이다. 이 영역에서는 시간이 흐르면 언젠가 저절로 습득되거나 분명한 합의가 나오는 일은 일어나지 않는다. 성이 우리에게 무엇을 의미하고 또 우리는 성을 어떻게 대해야 하는가는 삶의 과정에서, 그 탐색의 과정에서 달라진다. 이 탐색하는 자세는 성이 더 이상 번식 작용에만 필요한 것이 아님을 깨닫게 한다. 성이란 타인에게 기울이는 사랑 넘치는 관심의 한 부분이다. 성이 지닌 '만남의 가치'는 그 개별성에 있으며, 따라서 그 가치는 각 인격체의 차이에 대한 수용 여부에 직결되어 있다. 우리 앞에 성이라는 배움의 영역이 있는 근본적인 원인은 여성과 남성이 성적으로 서로 다른 행동을 한다는 사실이다.

이런 사실에 뒤따르는 첫 번째 주장은 여성의 성은 남성의 성과는 좀 다르다는 것이다. 이 주장이 의미하는 것은 무엇일까? 성이라는 새로운 영역은 여학생들보다 남학생들에게 훨씬 더 긴급하고 강하게 의식되는 것으로 보인다. 또 사실이 그렇기도 하다. 또한 성인 남성에게 일어나는 성적 욕구는 성인 여성의 경우보다 더 절박하게 의식된다. 잠자리에서도 남성의 성적 욕구와 성적 체험은 훨씬 뚜렷하고 강하게 자신의 성기에 집중하는 양상이다. 발기된 성기는 성적 욕구를 채우라고 강력하게 요구한다. 그런데 청소년기의 여학생과 성인 여성 대부분에서 성적 욕구는 완전히 다르게 나타난다. 여성의 성적 욕구는 성기에 국한되지 않고 전신에 나타난다. 남성처럼 성기로 한정된 부분의 급박한 욕구를 만족시키는 일은 여성에게서는 가장 중요한 목적이 아니다. 그 대신 여성은 자상한 배려와 애무, 남녀의 몸 전체가 하나로 융합되는 것을 갈망한다.

남성 대부분이 여성보다 성에 대해 더 자주 생각하고 성적 상상을 더 자주 하는 것처럼 보이는데, 이것 역시 성별 간의 근본적 차이에서 비롯된다.

물론 이것이 여러 오해를 불러일으키는 원인이 되기도 한다. 즉, 신체의 한 부분에 집중되는 욕구 때문에 남학생이나 성인 남성들은 절박한 육체적 만남에 이끌리는데, 욕구에 관한 남성의 그런 성향은 파트너에게는 괴로움과 압박으로 다가올 수 있다. 또 그것은 집요하고도 위협적이어서, 여성으로서는 무섭고 상처를 얻는 성적 체험이 될 수도 있다.

이것이 바로 성과 관련하여 남성이 빠지기 쉬운 유혹, 즉 성을 적극적으로 나서서 무엇인가를 차지하는 행위 또는 상대방을 위압하려는 행위로 이끌 수도 있는 이유이다. 성교에서조차 남성의 충동은 쾌락이 가득한 긴장 완화 속에서 도달하는 오르가슴을 지향한다. 남성의 이런 특성은 순전히 생물학적으로 이해할 수 있는 성질이다. 여성의 성적 충동은 성교에서도 완전히 다른 방향으로 일어난다. 몸 전체를 사로잡는 전율과 함께 파트너에게 밀려들어가 일체감을 느낀다. 자신의 첫 경험을 말하는 많은 여성이 무엇보다 남성의 태도가 자신에게 퍽 낯설게 느껴졌거나 심지어 겁이 났다고 표현하는 것은 이런 성향과 관련이 있다. 이렇게 감정이 서로 다르기 때문에, 성교 과정에서 여성이 조금 소극적이거나 시간을 오래 끄는 상황이 되면, 남성은 파트너가 자신에 대하여 성적으로 주저한다고 여기거나 관계를 '진정으로 원하지는 않는다'고 오해하기도 한다.

젊은 여성들은 첫 경험 또는 처음 몇 번의 성경험에서 남성과의 동침이 그다지 좋지 않은 경험으로 남는 경우가 흔하다. 만약 파트너가 좀 거칠거나 서툴게 행동하면, 성경험은 아프기만 하고 전혀 낭만적이지 않은 체험이 된다. 여자 쪽은 이제 막 몰입하기 시작하는데 남자가 이미 일을 끝내버린 경우는 더욱 그렇다. 드물지 않게 나타나는 이런 초기의 오해들에 대해 서로 터놓고 이야기하기란 쉽지 않다는 것은 남녀 모두 경험하는 일이다.

나아가 남성의 느낌과 여성의 느낌 사이에는 또 다른 차이가 있다. 즉, 자신만 만족하고 나면 그것으로 성행위가 끝났다고 여기는 남성의 태도가 많은 여성을 힘들게 한다. 그런 갑작스러운 감정적인 중단은 여성에게 혐오스러운 만행이 된다. 서로 교감이 잘 되면, 젊은 여성은 성교 후 내적으로 정신이 아주 맑고 마음이 활짝 열려 매우 수용적인 상태가 된다. 이에 반해 남성은 일이 끝나면 흔히 내적으로 닫혀 곧바로 잠이 들기도 한다. 젊은이의 첫 경험들이 멋진 경험이 되려면, 성행위 후반의 잔향을 차분하게 함께 느낄 수 있어야 한다. 육체적·감각적 체험의 아름다움은 청년이나 남성 쪽이 얼마나 격렬하게, 얼마나 인상적으로 흥분에 빠져드는가에 달려 있지 않다. 성의 아름다움은 오히려 파트너와 함께 얼마나 차분하게 마무리할 수 있는가에 좌우된다. 바로 이런 분위기 있는 끝맺음을 통해 두 사람은 그전보다 더 깊은 결합을 이루어낼 수 있기 때문이다.

젊은 남자들의 경우 성에 대한 의식이 여성에 비해 더 강하게 나타나는데, 이로 인해 남성의 성 의식은 다른 체험이나 삶의 요소들과는 좀 동떨어져 있다. 젊은 남성에게 성적 충동은 별다른 맥락 없이 즉흥적이고도 급작스럽게 발동된다. 그러므로 스스로 특별한 노력을 기울이지 않으면 남성의 성은 상대방과의 공감과 연결되는 정도가 여자들보다 훨씬 더 빈약할 수 있다. 젊은 여성들에게는 이성과의 만남 자체가 성보다 더 의미 있는 일이 된다. 아름답고 점점 더 긴밀해지는 만남이 이어지는 가운데 비로소 성적 욕구가 올라오는 것이다. 따라서 여자는 대개 성과 사랑을 나누어 생각하지 않는다. 이에 반해 남자는 굳이 성과 사랑을 하나로 여기지 않는 남자로서는 성은 사랑 없이도 있을 수 있는 일이 된다. 여성의 경우 최소한 긍정적인 감정과 연결되지 않는 성행위 과정에서는 성적인 느낌을 거의 얻지 못하는 경우가 대부분이다.

몇 가지 측면에서 젊은 여성은 남성보다 뛰어난 점을 보인다. 바로 이 사실에서 두 번째 주장이 도출된다. 즉, 성은 다른 인간에 대한 관심으로 인해 특별한 의미를 갖게 된다는 것이다. 아름답고 흥미진진하고 관계를 형성해주는 성의 특질은 자기 자신의 성이 아니라 상대방의 성에 있다. 이것은 무엇을 뜻하는가?

사람들이 일방적으로 자신의 성적인 만족만을 찾아 헤맨다면, 그런 성은 공허하고 무의미한 뒷맛만 남긴다. 어떤 관계에 이르렀다면, 우리는 자신을 위해서는 무언가를 한 것이다. 하지만 진정한 만남을 위해서는 과연 무엇을 했을까? 자신의 만족만 추구하는 사람의 의식 안에는 상대방은 사라지고 없다. 오로지 혼자 즐겼을 뿐이다. 이 지점에서 우리가 알게 되는 것이 있다. 즉, 섹스가 타인과의 신체적 만남이 되도록 하려면, 충동을 채우는 본능적 행동이 있던 자리를 성적인 과정을 형성하는 무엇인가로 채워야 한다는 사실이다. 성적 만남의 본질은 서로 파트너의 성을 존중하는 것이다. 다른 사람의 몸 전체를 이해하는 가운데 애정 어린 관심으로 상대방의 몸을 부드럽게 탐색하는 것, 상대방이 소중하게 아끼는 것이 무엇이고 반응하는 방법이 무엇인지 등 상대방의 특성을 탐색하는 것 등을 통해, 성행위는 서로에게 관계를 형성하는 매개체가 된다. 성행위 이전과 이후의 요소와 성행위에 해당하지 않는 모든 요소, 그리고 성교와는 상관없이 서로간의 자유와 배려로 가능해지는 모든 것들이 육체적인 접촉으로 하여금 사람과 사람의 만남이 되도록 한다. 상대방의 자유와 결정권을 존중하는 가운데 이루어지는 다양한 애정 표시, 몸 전체에 대한 부드러운 애무와 탐색은 두 사람을 가까워지게 한다. 타인의 몸 너머에 있는 마음을 신중하게 보듬어 만지는 자세가 두 사람을 하나로 연결하는 것이다.

이런 것들을 전반적으로 고려해서 우리가 이끌어낼 수 있는 결론은 무엇일까? 성적인 관계에서 자신에게만 몰두하지 않고 파트너에게 더 많이 마음을 쓴다면, 그리고 두 사람 모두 그런 태도를 보인다면, 성적 만남이 진정으로 사람을 찾는 과정이 될 것이다. 다시 말해 젊은이들이 상대방의 자유를 서로 충분히 존중하고, '아직은 뭔가를 제대로 할 수 없는 사람'이지만 조금씩 서로에게 다가간다면, 그리고 마치 이 영역에서 가능한 모든 것을 자신들이 알고 있고 할 수 있기나 한 것처럼 행동하지 않는다면, 나아가 남녀의 성적 기관에 집중하기보다 사랑과 관심으로 접근한다면, 또 체험하고 실험해보며 서로를 배운다는 '무언가를 찾아가는 사람의 특성'을 펼쳐낸다면, 젊은이들은 신체적인 만남을 이루는 것이 좋은 경험이 될 것이다. 그런 만남에서 이들은 한편으로는 자유롭고 자의식이 깨어있는 사람으로, 다른 한편으로는 책임 있는 사람으로 성에 대한 질문을 하게 될 것이다.

우리는 성이라는 배움의 영역을 결코 마스터할 수 없다.

성인들 역시 이 영역에 늘 새롭게 초점을 맞추고, 각자의 관계 안에서 성의 가치와 의미를 새롭게 새겨야 한다. 성은 모든 만남에서 다른 양상으로 나타난다. 그렇다고 젊은이들이 가능한 빠르게, 가능한 폭넓게 성 전문가가 되어야 한다는 중압감을 느낄 필요는 없다. 우리 성인들 역시 그렇지 못하기 때문이다.

2.
유아기 성교육을 언제, 어떻게 시작할 것인가?

엘케 립케
Elke Rüpke

발도르프
성교육

엘케 뢰프케 교수는 이 글에서 학부모와 현장교사들에게 아이 발달에 맞는 적절한 성교육을 설명한다. 아이들이 엉뚱하게 질문할 때 어른들은 어떤 식으로 현명하게 대처할 수 있는지 구체적인 도움을 준다. 성과 관련하여 아름답고 솔직한 개념들뿐 아니라 어른들 자신의 내적 자세를 검토해보고 아이들이 즐기는 의사놀이를 어디까지 허용해야 맞는지 생각할 기회도 준다. 아이가 성에 대해 던지는 질문에 답변할 때 상으로 이해시킬 수 있는 이야기도 우리가 새롭게 주목해 볼 내용이다.

어린 자녀를 둔 학부모와 현장 교사는 성이라는 주제를 아직은 상세히 다루지 않아도 된다고 생각할 수 있다. 또는

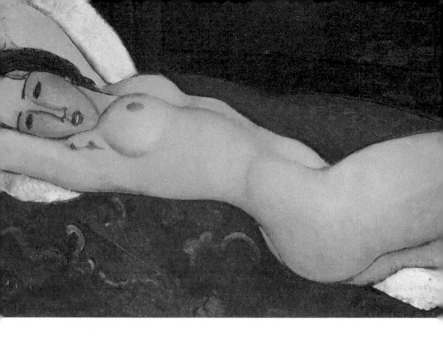

누워 있는 나체, 1917, 아메데오 모딜리아니

이 곤란한 테마를 교육적으로 다루되 어떤 방법이 좋을지 답을 찾기가 어려울 수도 있다.

본래의 의미에서 성은 성숙한 성적 기관을 전제로 하며, 실제로 성적 욕구와 파트너 찾기와 긴밀하게 연관된 영역이다. 생물학적 관점만 아니라 내면적·정신적 발달의 측면에서 성은 청소년 나이가 되어야 비로소 그 조짐을 보인다. 성적 발달은 신체적, 심리적 사항들을 전제로 진행되므로 흔히 사춘기를 지나면서 진행된다. 하지만 성적인 발달과 상관없이 유아들이 성과 관련된 질문을 하고, 몸을 탐색하며 놀이에 몰두하는 현상은 가정이나 유아 현장에서 자주 나타난다.

아이는 무엇이든 만져 보아야 안다. 그래서 아이는 자신의 신체 역시 어떻게 보이는지, 어떤 모양인지를 만져본다. 아이들은 남녀의 차이를 눈으로 보면서 비교적 세밀하게 탐색한다. 게다가 자신보다 어린 아기가 어떻게 세상에 태어나는지 궁금해한다. 이 모든 것이 아이에게는 대단히 흥미로운 질문 거리가 된다. 더욱이 아이는 커가면서 성에 대한 다양한 질문을 한다. 이렇듯 모든 면에서 성장하고 있는 아이를 위해 부모와 유아교사는 양육자로서 무엇을 이바지할 수 있는가? 이런 주제에 대하여 양육자는 우선 자신의 내적 자세를 깊이 있게 생각해 보는 것이 중요하다.

예를 들어 아이가 자기의 성 정체성에 대해 이렇게 말하면, 어른들은 즐겁고 여유롭게 웃어준다. "저는 여자라서 머리 묶을 때 분홍색 머리핀을 좋아해요. 근데 루카스는 남자인데도 오렌지색을 더 좋아해요!" 다른 예를 들면, 아이들이 자유롭게 의사놀이를 하면서 서로 성기를 내보이거나 만질 때도 있다. 그러면 우리 어른들은 아이다운 탐구자의 열망을 대개 이해할 수 없어서 편한 마음으로 바라보지 못한다. 아이들의 이런 놀이를 보고 우리가 좋지 않은 감정을 가지는 것은 어디서 기인하는가(불편한 감정을 느끼는 것은 무엇 때문인가)?

두 가지 예시에서 보여주듯 어른의 내면에는 늘 의식하지 않은 영향들이 뒤섞여 있다. 다시 말해 자신의 교육적 잔재로 남겨진 성에 대한 고정 관념과 어떤 창피함("그런 짓은 하는 것이 아니야!")이나 아이 발달에서 지극히 정상적인 것에 대한 지식이 부족하여 생기는 불안감, 나아가 요즘 사회적으로 성추행, 성폭력이나 성범죄의 일반적 두려움이 혼합되어 있기 때문이다. 사회적 문제로 흔히 등장하는 성폭력 같은 사건들은 결국 다른 후속 작업들을 통해 일깨워질 부분이다.

의사 놀이와 그 경계선

어른의 관점에서 위험하게 보이는 많은 순간이 아이의 눈높이에서 보면 다른 의미를 지닌다. 아이들의 놀이 상황에서 벌어지는 것은 딱히 위험과 무슨 관련이 있는 것이 아니다. 아이들은 단순히 신체의 여러 부위에 대하여 알고 싶고, 보통 감추어져 있는 부분은 더 궁금하기 때문에 의사놀이를 하는 것이다. 아이들이 노는 데 어른의 부정적 감정들이 어디에서 왜 일어나는지 그 출처를 바르게 의식할 때 비로소 아이를 편견 없이 바라볼 수 있다. 아이가 사실상 관찰할 수 있는 것을 관찰한다고 생각하면 어른은 대부분 잘 놀고 있는 아이들에게 간섭하지 말아야 한다.

예를 들어 유아현장에서 아이들이 그룹 안에서 의사놀이를 벌이면 교사는 그 상황을 매우 주의를 기울여 침착하게 바라보아야 한다. 가끔 힘이 세거나 좀 큰 아이들이 호기심으로 다른 아이의 몸을 탐색하려는 열망을 채우기 위해, 저보다 어린 애들을 설득하고 꼬여서 강제로 옷을 벗길 수도 있기 때문이다. 또한 놀이의 경계를 넘어 갑작스런 침해의 위험이 일어나면 어린아이들은 대부분 방어하지 못한다. 그러면 어린 애들은(그럴 때는 아이들에게) 당장 어른들의 보호가 필요하다.

　이런 경우를 대비하여 아이들 사이에 그룹의 놀이 규칙이 있는 것은 큰 도움이 된다. 또래 거나 거의 비슷하게 강한 아이들이 자기들끼리는 어떤 놀이를 하든지 괜찮다. '장난으로 하는 싸움'도 있을 수 있다. 규칙을 통해 아이들은 여러 가지를 배운다. 놀이 상황에서 누군가 더 이상 함께하지 않으려고 할 때는 아무 때나 그만둘 수 있어야 한다. 아이들 스스로가 이제 '싫어, 아니야'를 말해도 된다. 또는 다른 사람이 자신에게 어떤 요구를 할 때, 그걸 다 들어줄 필요가 없음을 어려서부터 연습해야 한다. 이런 연습을 다양한 상황에서 해보면 나이가 들어서도 어떤 침해를 받을 때 대항하며 자신을 더 잘 방어할 수 있게 된다.

아이의 질문에 대한 어른의 진솔한 대답

유아가 던지는 신체적인 성과 성적 기관에 대한 질문들은 아이가 자신의 몸을 경험하는 데에서 출발한다. 아이는 자신의 몸과 주변 환경에서 직접 만나는 사람들의 몸에 관한 질문들을 자신의 전체 지식 안으로 끼워 넣는다. 작은 동생이나 부모가 옷을 벗으면 아이는 자기와 다르게 보인다는 것을 이미 알고 있다. 또는 아기가 엄마 배 속에서 자란다는 것을 알고 있기 때문에 엄마 배꼽을 통해 아기가 어떻게 밖으로 나오는지를 알고 싶어 한다.

아이는 아무 거리낌 없이 질문할 수 있고, 자신에게 숨김 없이 이해되는 진솔한 대답을 얻을수록 아이에게는 금기사항이 줄어든다. 그리고 알고자 하는 자기 욕구를 몰래 숨기면서 채우려고 생각하지 않는다. 그 밖에도 성인의 열린 자세가 있어야, 아이는 성에 관련된 궁금증을 부모나 교사에게 말할 수 있다. 이것은 훗날 아이가 다양한 종류의 성적 침해가 있을 수 있는 경험에 대비하여 좋은 예방법이 된다. 다시 말해 성적인 부분과 관련하여 어려운 경우를 만날 때, 아이는 도움을 찾아 사람들에게 향할 수 있다. '어려운 질문들'을 예전에 체험한 적이 있기 때문에 그것을 토대로 계속 사람들이 귀를

61

연다는 희망을 품을 수 있다.

필자의 경험에 따르면, 아이들의 질문을 진지하게 받아주고 적절하게 대답해주려고 노력하는 성인의 자세가 중요하다. 어른의 대답은 과학적이고 정확해야 하는 것이 아니라, 아이의 이해 폭에 맞아야 한다. 그래서 어른은 비유와 상으로 말하는 것이 좋다. 신체의 모든 부분이 얼마나 의미 있고 지혜롭게 잘 갖추어진 것인지에 관해 아이와 함께 놀라워하고 경탄하는 순간을 가지는 것이 좋다. 이럴 때 어른은 가능한 한 난처해하지 않아야 한다. 신체의 각 부위에는 이름이 있으므로 그 명칭을 아이에게 자연스럽게 말해주면 된다. 성인으로서 우리가 적절한 예시를 들면서 이끌어 줄 때, 아이는 그것을 잘 받아들일 수 있다. 또한 아이들 스스로가 어느 시점을 선택하여 모든 것을 물어보고 싶어 한다. 아기가 세상에 어떻게 오는지를 이해하기 위한 적절한 시점을 자신이 선택하기도 한다.

아이들이 탄생에 대해 관심을 보이며 궁금해할 때, 영혼의 육화 과정을 쉽게 설명해주어야 한다. 아기는 하늘에서 온다고 말해주면 잘 이해하며 온전히 믿는다. 잉태부터 출산까지 신체와 연결된 부분은 아이들이 훨씬 나중에 묻는다. 큰 맥락에서 사람이 되는 포괄적인 이해로서 신체적, 영혼적, 정신적인 면은 아이가 성장하면서 내면에 차츰 쌓아갈 수 있다.

상상과 진정성이 담긴 이야기들

　필자가 현장에서 경험한 바 유아들은 가끔 돌발 질문을 던진다. 예를 들어, 아기가 어떻게 엄마 배 속으로 들어가는 지를 묻는다. 이때 우리가 신체 과정을 사실적으로 설명하기 보다 아이들의 이해 폭에 알맞게 좀 더 아름답게 이야기하면 아이들은 스스로 상상할 수 있다. 그런데 그 이야기를 좀 이해할 수 없거나 이야기가 어울리지 않으면, 아이들은 교사에게 되묻는다. 이런 상황에서 우리의 말실수를 알아차릴 수 있다.

　이와 대조적으로 어른들이 실제 신체의 사진이나 사실 적으로 세밀하게 묘사된 그림을 보여주는 방법이 있다. 그런 시각적 자료는 아이들에게 좋지 않게 작용한다. 이런 시각적 인상이 유아에게 깊이 각인되어 이해를 방해할 수도 있기 때문이다. 말로 하는 표현들과 다르게, 이런 사실적 자료들은 아이의 상상 속에서 변화시켜 이해할 수 없기 때문이다.

　결론적으로 유아들은 청소년이나 어른들에게 가능한 성 적 교류와 연결된 어떤 욕구 또는 성적인 것과 연결된 긍정 적인 감정조차도 생리적으로 전혀 가질 수 없다. 어린아이는 성이 어떤 것인지를 모르기 때문에 성에 대한 생각 자체가 없는 것이다. 아이의 생각은 자신이 경험하여 아는 신체에서 출발한 이해의 다리에 의존할 뿐이다. 대부분의 아이들은 자신에게 궁금한 질문에 대하여 대답을 얻으면, 세상을 이해하고 싶은 자신의 욕구가 채워졌기 때문에 조용히 관심 방향을 바꾼다.

3.
성교육 I

미하엘라 글뢰클러
Michaela Glöckler

볼프강 괴벨
Wolfgang Goebel

발도르프
성교육

좁은 의미로 본 성교육은 우선 성에 대한 태도와 관계가 있다. 그러나 넓은 의미로 본 성교육은 사회생활의 모든 영역에 연관되며, 일어날 수 있는 불행한 일을 예방하고 유해한 모든 것을 막는 것을 목표로 한다. 그래서 성교육을 위한 대화의 내용은 일상적이지 않은 모든 일을 포함하게 되는데, 폭행, 성매매, 성폭력, 마약, 범죄 행위, 사이비 종교 집단들, 악마나 귀신을 숭배하는 단체 등이 그런 것들이다. 그뿐 아니라 신문과 잡지에 등장하는 끔찍한 사건 기사나 굶주림과 빈곤을 보여주는 충격적인 사진처럼 어떻게든 어린이와 청소년들이 설명을 구하는 것들도 마찬가지다. 설명할 일은 많다. 도대체 그런 끔찍한 일들은 어떻게 일어날까? 이 시대에도 그런 일이 일어나는 원인은 뭘까? 정부, 교회, 우리가 만나는 그 수많은 정상적인 사람들은 왜 손을 놓고 있을까? 사정이 이런데도 사람들은 어떻게 아무렇지도 않은 듯 그저 자신들의 일에만 몰두할 수 있을까? 부유층과 빈곤층의 격차가 나날이 커져만 가는 현실에는 어떻게 대처해야 옳을까?

우리의 이야기가 충분한 설명이 되려면, 어른 자신이 그런 문제 상황들에 대처하는 방식이 올바른 것이어야 한다. 사람이면 누구나 그런 일에 대해 제대로 처신하는 법과 그런 처신을 가능하게 하는 시각을 갖추어야 한다는 사실, 그리고 각자가 상황을 긍정적인 방향으로 바꾸는 데 힘을 보탤 수 있어야 한다는 사실 등을 전달하는 방식이 제대로 된 것이어야 한다. 그래야만 청소년들이 상황을 바라보는 눈이 열린다. 요즘처럼 주변에 널린 책과 잡지의 내용을 통해, 그리고 동영상과 TV 방송의 내용과 그에 못지않게 또래 집단 안에서 이루어지는 대화를 통해 스스로 깨우치는 어린이와 청소년들이 늘어날수록, 그들이 그렇게 직접 듣고 읽은 것들을 제대로 이해하고 제대로 된 판단 기준을 배울 내면의 질문, 때로는 내적인 필요는 커진다. 그뿐 아니라 이 문제를 하찮게 여기지 않는 성인들이 문제를 어떻게 해결하는지 알고 체험할 필요가 커지는 것이다. 하지만 대부분의 경우 어린이와 청소년들은

아프로디테, 기원후 2세기

스스로가 나서서 이 문제에 대해 말을 꺼낼 용기가 없다. 한 편으로는 적절한 표현 방법을 몰라서, 또 한편으로는 어른들이 그런 것들을 금기시하거나 관심이 없어서 "얘깃거리도 아냐!" 하고 무시할지 모른다고 지레 두려워해서 그런 이야기를 끄집어내지 못한다. 가족들과 함께 있는 집이나 수업을 듣는 학교 그 어느 곳에서 이 중요한 문제에 대한 대화가 충분히 상세하고도 주의 깊게 이루어질 수 있는가를 생각하면, 아이들의 그런 태도는 당연하다. 성교육은 특정한 지식을 배우는 것만으로는 부족하고, 아이들 각자가 그 지식을 개인적으로 소화해야 가능해지기 때문이다.

그러므로 성교육의 범위에 드는 주제를 다루는 일은 아이와 어른 사이에 진정으로 실제 동반자적이고 개인적으로 나누는 진솔한 대화 분위기가 크게 일조할 수 있다. 사실 성교육에서 제기되는 질문은 어느 것이나 성인에게도 해당하는 동시에 아직 해결했다고 말할 수도 없는 것들이다. 그것은 우리 삶에 깊이 영향을 미치는 근본적인 문제들, 특히 인간이라는 존재가 풀지 못하는 어두운 측면들과 연결되며, 사람의 선하고 인간적인 면모가 아무런 능력을 발휘하지 못하기 때문에 위험에 직면한 자기 자신과 다른 사람을 돕는 조치를 취하고 예방해야 하는 모든 분야에 연관된 문제들이다. 그래서 사회에서 금기시하는 것들이 점점 줄어들고 우리 실존의 골치 아픈 면모들을 스스럼없이 거론하며 기록할 수 있게 된 것은 다행스럽기도 하지만, 이 변화에는 누구보다 아동과 청소년들이 그런 수많은 정보의 물결을 소화할 만큼 성숙하지 않았다는 위험 요소도 숨어 있다. 이 변화로 인해서 아동과 청소년들은 안락하고 안정적인 일상을 포기하고 삶의 의미에 의문을 제기하도록 만드는 사실들에 직면하게 될 것이기 때문이다.

자유와 책임

예를 들어 공공장소에서의 청소년보호에 관한 법률을 보면, 이 법률의 입법자들이 청소년에게 최대한 안전한 성장을 보장하는 법률적인 틀을 만들어주기 위해서 광범위하게 노력했다는 사실에 안도하게 된다. 하지만 현실의 삶, 그리고 이 법을 비롯해서 유사한 청소년 관련 법률들의 적용을 들여다보면, 이런 법률에서 정하는 통제가 얼마나 어려운 일인지 알게 된다. "사적인 영역의 자유"라는 이름의 가정 상황 자체가 이 법적 규정들을 무기력하게 만든다는 사실을 포함해서 말이다.

이에 해당하는 것은 무엇보다 제1의 중독 물질인 알코올, 비디오, 그리고 청소년에게 유해한 잔혹한 폭력, 공포, 성폭력을 온종일 전하는 방송 등이다. 이러니 어린이와 청소년은 자신이 감당할 수 없는 것들에 어쩔 수 없이 노출되고 만다. 그뿐 아니라 금지된 것이나 비정상적이고 별난 것들도 문제가 된다. 그런 "금지된 것"에 대해서는 교육적 관점에서 때때로 성인과 청소년이 함께 그것을 들여다보거나 그것을 주제로 대화를 나누어야 한다. 그래야 청소년들이 그런 것들에 빠져드는 일이 줄어들고, 인간적으로 자연스러운 자극에 둔감

해지는 대신에 오히려 책임감이 분명해지는 효과를 얻을 수 있기 때문이다.

이상으로 우리는 위험하고 금지된 것을 다루는 올바른 두 가지 방향을 보여주는 표어, 곧 자유와 책임을 언급했다. 괴테는 이 두 개념을 위해 《파우스트》를 썼다.

《파우스트》1부의 주제는 자유에 대한 의식이다. 파우스트는 신학과 철학을 포함해서 세상의 모든 학문을 탐구했다. 하지만 그 어떤 학문에서도 그는 자기 자신이 정말로 어떤 존재인지, 삶의 의미와 진실은 무엇인지에 대한 답을 얻지 못했다. 이렇게 자기 인식의 위기를 겪는 동안 분명해진 것이 있었다. 그것은 삶에 대한 더욱 심오한 진실을 얻어 스스로 발전하기 위해서는 악이라는 것이 그 발전의 일부분임을 인정할 용의가 있어야 한다는 사실이었다. 파우스트가 의도적으로 자신의 피로써 스스로를 악마에게 바친 것은 바로 이런 현실의 시적인 표현이었다. 자기 피 안에 악의 힘이 한 자리를 차지하고 자기 의지 안에 선을 향하는 잠재력에 더하여 악한 힘이 자리잡는 체험을 예술적으로 그려낸 것이다.

인간 존엄의 구체적인 실현이라고 할 수 있는 자유를 향한 발달을 아무리 열망한다고 해도, 그것은 의식적으로 악을 대면하지 않고는 절대로 이루어지지 않는다. 바로 이 사실 때문에 모든 계몽적인 대화에 숨겨진 배경이 있게 되며, 어려운 문제가 되풀이되어도 이해하고 용서할 수 있게 된다. 한 사람이 다른 사람에게 해도 좋은 것과 하면 안 되는 것을 정해주는 것은 결코 중요하지 않다. 그보다는 오히려 우리가 인간적으로 무엇에 책임을 져야 하며 전체를 어떻게 조망할 수 있는지가 중요하다.

인간관계를 형성하는 요소인 성

지난 수백 년 동안, 그리고 옛 문화들에서 사람들이 다름 아닌 성적인 사랑이라는 영역에서 종교적 계율과 관습의 도움으로 치유와 보호를 체험했다는 것은 신기한 일이다. 하지만 오늘날 인간의 존엄에 맞도록 성을 다루기가 얼마나 어려운지를 경험한 사람이라면, 엄격한 계율과 결혼생활의 규칙이 성과 연관된 인간관계의 형성이라는 부분을 사회적 계약관계에 알맞게 유지하는 데 결정적인 도움을 주었다는 사실을 쉽게 수긍할 것이다. 옛날에는 스스로를 독립된 한 개인으로 여기는 의식에 앞서는 것이 특정한 민족, 종족, 가정의 일원이라는 사실이었으므로, 성적인 생활을 위한 규칙들은 일족 안에서 변함없이 지켜지는 사회질서에 속하는 것으로 받아들여졌다. 오늘날과는 달리, 당시에는 그런 규칙들이 사생활의 자유를 침해하는 것으로 여겨지지 않았다.

세월이 흐르면서 사람들에게 사랑이란 혈연이나 종족으로 얽힌 관계에서 점차로 벗어나게 되었다. 성은 집단 안에서 이루어지는 관계가 아니라 한 남자, 한 여자라는 개체를 향하여 완전히 개인의 일로 체험하게 된 데에는 문화사적으로 중혼(폴리가미)이 사라진 것이 일조했다. 그런 연유로 오늘날 사회, 신분, 인종, 이념 등의 장벽에도 굴하지 않는 두 사람의 결합에 대해서는 오로지 그 두 사람만이 개인적으로나 사회적으로 책임질 수 있게 되었다. 행여 이 결합이 여전히 유효한 일반 규범이나 도덕적 가치관을 벗어나는 듯 보이는 경우에도, 그것은 그 어떤 외부의 판단기준에도 얽매이지 않는다.

두 사람의 관계에서 사람들 간의 원칙이 훼손되었을 경우, 개인을 바탕으로 하는 도덕이 "죄악"이라는 개념을 들이댈 수 있다. 다시 말해서 상대방을 진정성과 사랑 없이 대하거나 구속하는 경우가 그렇다. 사람과 사람의 관계는 오래 지속된다. 심지어 어떤 관계를 끊었을 때도 그 관계의 종말이 오지 않는다는 것을 우리는 너무나 잘 안다. 끊어진 관계는 우리를 떠나지 않는다. 한 번 우리와 결합했던 사람의 상이 완전히 사라지는 일은 절대로 일어나지 않는다. 그 사람과 함께 겪은 일은 우리의 것이 되어 우리 안에 계속 머물러 있다. 이 사실을 알면 아주 여러 가지로 쓸모가 있다. 모든 관계가 늘 포괄적임이 분명히 드러난다. 예를 들어 인간관계 안에 성이 포함될 수는 있지만, 그렇다고 성이 인간관계를 지배하지는 않는다. 그래서 결혼이나 동거 등의 관계에 포함되지 말아야 할 것은 없다. 그러니 그런 관계를 중단하게 되는 이유에도 제한이 없게 된다. 결국 인간관계의 풍요로운 결실을 좌우

하는 것은 각자가 서로에 대해 갖는 진정한 관심이다. 이런 기초적인 사실만 봐도, "오로지 서로만 바라보는" 관계란 한시적으로만 유지될 수 있음을 분명히 알 수 있다. 사람은 결국 자기 자신의 발전 가능성, 그리고 타인과의 관계라는 두 가지를 필요로 하기 때문이다. 그렇기 때문에 상대방에게 일어나고 상대방이 감당해야 하는 모든 일을 포함할 수 있는 관계야말로 결실이 가장 풍요롭고 가장 오래 유지된다. 아이들이 그렇게 "모든 것을 포함하는" 관계, 상대방과 세계와 그 세계의 문제들에 대한 애정 어린 관심으로 가득한 관계 안에서 성장할 때, 아이는 성을 사람답게 대하는 방법을 배울 최선의 준비가 되어 있다고 할 것이다.

신체와 정신의 창조력

신체적인 성의 결합이 이루어지는 과정과 정신적인 창
조력의 상태를 서술하려 들면, 우리는 그 둘에 똑같은 표현들
을 사용하게 된다. 예를 들어 서로의 정신적 결실, 자극, 흥분
같은 말을 동원하는 데 그치지 않고, 어떤 사고나 관념을 잉
태하고 성숙시켜 어느 날인가 탄생시킨다고 표현한다. 이런
식의 표현은 발도르프 교육학에서 다양한 관점에서 다룬 사
실과 상관이 있다. 그것은 유기체의 활동과 사고의 활동이 일
치한다는 것인데, 루돌프 슈타이너는 이를 성장의 힘과 회복
력이 사고력으로 된 변형론이라 불렀다.

유기체의 활동과 사고의 활동이 상통한다는 사실이 남
녀의 신체적-정신적 차이를 이해하는 데 어떤 영향을 끼칠
까? 신체적인 면에서 남녀가 보이는 차이점은 1차, 2차 성적
기관과 1차, 2차 성징이라고 할 수 있다. 여기서 흥미로운 것
은, 배아 발달 단계에서 첫 7주 동안에는 남자 태아와 여자 태
아의 외형이 완전히 같다는 사실이다. 양쪽 태아의 성기는 자
웅동체, 즉 남성과 여성 양쪽의 특징을 모두 갖추고 있다. 7주
차 무렵부터는 하나의 태아에 있던 양성의 특징이 퇴화하는
데, 흥미롭게도 같은 시기에 대뇌 부분이 커지면서 사고 활동

77

의 바탕이 되는 뇌의 발달이 시작된다. 이런 점에서 보면 남자와 여자 모두가 두 가지 성을 가지고 성장할 잠재력이 있음을 알 수 있다. 그래서 평생 동안 남자와 여자의 경우 모두 특정한 호르몬을 투여함으로써 그에 상응하는 특정한 이차 성징의 발달을 자극할 수 있다. 즉, 여자는 테스토스테론을 복용하면 변성을 겪고 체모가 남성적으로 변하며, 근육이 커지는 대신 여성의 전형적인 지방 축적이 감소한다. 마찬가지로 남자도 에스트로겐 복용으로 여성화 경향을 보일 수 있다.

하지만 동시에 분명히 알 수 있는 것은, 각 성별로 생식기관들을 완성하여 평생 유지되도록 관리하는 에테르적 성장력들이 그 반대편 성의 사람에게서는 신체적인 변화를 일으킴 없이 사고 활동에 기여한다는 사실이다. 말하자면, 남성의 생식활동에서 흩뿌리고 외부를 지향하는 경향, 즉 강도와 빈도와 양에서 대단히 다양한 정자 생성과 사정을 가능하게 하는 힘은, 여성에게서는 기초적인 사고 처리로 나타난다. 이것이 정말 실제로 일어나는 일이 아닐까? 남자에 비해서 여자의 사고 활동은 한층 산만하고 불안정하면서도 즉흥적이고 도발적이며 자극하기를 좋아한다. 분위기의 변화를 선호하고 새로운 생각을 하며 기꺼이 마음을 열고 낯선 것을 잘 받아들이는 경향, 그리고 이미 대화를 통해 낱낱이 다룬 사안을 그 다음날에 다시 한번 꼼꼼히 캐물어 새로운 시각으로 검토하려는 경향 등은 전형적으로 여성적인 사고에 해당한다. 이와는 반대로 남성적인 사고의 특성은 여자의 생식기관과 그 기능의 작동 방법을 닮았다. 여자의 생식기관들은 그 기관에 의해 자체적으로 통제되어 사람의 의지나 외부의 영향을 받지 않는 놀라운 규칙성이 있어서, 그 안에서는 다달이 오로지 하나의 난자가 성숙하고, 그에 상응하여 자궁 내막에도 수정이 이루어질 경우 그 수정란의 착상을 도울 준비가 이루어진다. 남자의 사고는 기본적으로 바로 이런 성질을 보인다. 연속성, 침착함, 어느 정도의 폐쇄성, 확실성 등이 남성적 사고의 특징인 것이다.

남자의 사고는 일정한 체계성과 안정성을 추구하는 경향, 외부의 영향을 어느 정도의 차단하려는 성향으로 인해 한층 추상적으로 움직이는 경향이 있다. 세계의 위대한 철학 저작들은 거의 예외 없이 남자들에 의해 쓰였다는 사실이 그 전형적인 예가 될 것이다. 남자들은 사고를 성숙시켜 완벽한 건물처럼 만들거나 신체기관들처럼 유기적으로 연결하려는 성향이 있다. 그런데 이 성향은 영혼 활동에서 주변 환경에 대해서 한층 폐쇄적이라는 성향과 연관되어 있다. 남자는 감정적인 자극에 쉽게 움직이지 않고, 자극에 대해서 전체적으로 천천히, 그리고 심사숙고하는 가운데 반응한다. 이렇게 보면 두 성은 신체적으로, 그리고 정신적으로 서로 대척점에 있고, 따라서 다양한 방식으로 서로를 자극하고 보완할 수 있다. 또한 남자와 여자는 살아가는 동안 성이 다른 상대방의 전형적인 사고 방법을 어느 정도까지는 배울 수도 있다.

그렇지만 정신적인 면에서는 남자든 여자든 모두 사람이라는 기준에 모자라지 않는다. '나'(das Ich)는 성별의 차이를 넘어 그 사람 본질의 핵인데, 신체적으로 남성이면서 영혼적으로 여성의 경향을 가진 사람이든 신체적으로 여성이면서 영혼적으로 남성의 경향을 가진 사람이든 그 본질이 되는 것은 언제나 '나'이다. '나'가 이렇게 정해져 있는 사실을 대하는 법을 배우는 데 있어 자유로울수록, '나'의 행동에는 개인적이면서 동시에 보편적인 사람의 특성을 더 많이 지니게 된다.

아동과 청소년들과의 대화

어느 대가족을 들여다보다

대상이 된 가족은 아이들이 만 다섯 살, 여덟 살, 열 살, 열한 살이고, 곧 막내가 태어날 예정이었다. 그래서 많은 대화에서 새로 생길 막내 이야기가 등장했다. 여동생과 남동생, 어느 쪽일지, 아기 이름은 무엇이 될지, 언제쯤이면 막내를 데리고 밖으로 나갈 수 있을지 등 여러 가지가 화제가 되었다. 아이들은 모두 엄마 배 속에 자리잡은 막내가 안전하게 보호받고 있다는 것, 그렇게 자라는 과정이 완성되어야 비로소 세상으로 나온다는 것을 잘 알고 있었다. 그럼에도 아이들 각자는 아이가 태중에서 자라고 태어나는 과정에 대해 무척 다양한 질문을 했다. 바로 그것이 모든 성교육 대화에서 첫 번째로 등장하는 가장 중요한 순간이다. 즉, 이때 우리는 아이들 스스로 하는 질문, 실제로 아이의 관심에서 우러나온 질문에만 대답하는 것이 바람직하다. 아이가 묻지 않는 것을 이야기하면, 그 내용은 아이에게 정신적으로 무거운 짐이 되어, 자신의 출생에 관한 질문에 연관된 아이의 사고와 감정을 방해하는 결과를 낳는다.

우리가 대화를 나눈 이 가족에서 제일 큰 아이는 다 자란 태아가 도대체 어떤 방법으로 엄마의 몸에서 빠져나오는지, 그렇게 나온 다음에는 어떻게 갑자기 자라기 시작하는지를 세세히 알고 싶어 했다. 이와는 달리 가장 어린 아이는 사람이 하늘에 있을 때는 어떤 모습일지, 영혼은 자기가 들어가 살려고 하는 몸이 완성될 때까지 무슨 일을 하는지에 대해서만 관심이 있었다. 사람의 몸에 대해서는 묻지 않았다. 만으로 여덟 살이 된 아이는 태어날 막내가 쌍둥이일지도 모른다는 생각에 푹 빠져 있어서, 그것 말고는 달리 묻는 것이 없었다. 그런데 엄마의 말에 의하면, 이 아이가 가장 어린 동생과 인형놀이를 할 때, 우리 대화에서 나왔던 이야기 가운데 많은 내용이 등장한다는 것이었다. 두 아이의 이야기 중에는 날마다 누군가가 결혼하고 아이가 태어난다고 했다. 물론 그 아이는 때때로 쌍둥이였다.

열 살짜리 아이는 어느 날 학교에서 가져온 종이 한 장을 엄마에게 슬쩍 내밀었다. 종이에는 외설적인 그림과 글이 실려 있었다. 이를 본 엄마가 침착한 목소리로 아이에게 말했다. "엄마가 보기에는 전혀 예쁘지 않구나. 엄마한테 보여 준 건 잘한 일이야. 그래도 이건 엄마가 버려야 하겠어." 엄마의 말로 이 사건은 마무리되었다. 아이는 학교에서 겪은 소동과는 다른 경험을 했다. 그 종이를 본 여자 선생님은 얼굴을 붉히고는 다른 반 남자 선생님을 불러와서 아이의 반 전체를 방과 후에 학교에 남도록 한 것이다. 아이는 크게 안도했다. 이로써 아이는 사람들의 마음에 들지 않는 것을 멀리하는 일도 중요함을, 또 그랬더라면 학교에서의 소동은 없었을 것임을 알게 되었다. 그 사건을 전해들은 아빠는 저녁 식탁에서 아이들에게 엄마를 어떻게 사귀게 되었는지, 그리고 아이를 여럿 얻게 되어 얼마나 행복한지 이야기했다.

유치원에서 하는 의사 놀이

만 다섯 살짜리 어느 아이가 유치원에서 아이들에게 자기 성기를 보여주면 친구들의 시선을 끌 수 있다는 것을 알게 된다. 또 어떤 엄마가 혼비백산해서 이렇게 하소연한다. "제가 남자아이 방에 불쑥 들어갔더니 말이에요, 세상에, 아이가 같이 노는 여자아이하고 나란히 누운 채 저한테 당당하게 말하는 거예요. '엄마, 우리는 지금 침대에 누운 엄마 아빠 놀이를 하고 있어'라고요." 이런 종류의 놀이는 주로 만 네 살에서 여덟 살 사이의 아이들, 즉 '모방하기' 시기에 있는 아이들이 한다. 이런 이야기를 들으면 우리는 부모에게 아이가 비디오, TV, 생활환경 등 어느 것에서 그런 행동을 접했는지 묻는다. 대부분의 경우 그런 일은 아이가 성적으로 조숙하거나 잘못 자랐기 때문이 아니다. 아이들은 자신이 주변에서 본 것을 아무 생각 없이 받아들여 놀이로 만들어 그대로 모방한다. 그렇기에 이른바 성교육에서 가장 중요한 부분은 어른이 보여주는 모범이다. 즉 어른 자신이 성에 대해 무슨 말을 하고 인간관계 안에서 어떤 태도를 보이는지가 가장 중요하다는 것이다.

앞에서 예를 든 상황이 벌어지면, 만 열 살짜리 아이의 엄마처럼 하거나, 아니면 간단히 무시하고 지나가거나 유머러스하게 대응할 수 있다. 하지만 어떻게 대응하든 한 가지 사실만은 분명하다. 그에 대한 어른들의 관심이 크면 클수록, 그런 장난은 더 자주 일어난다는 것이다. 아이들은 어른들의 주의를 끄는 일을 즐거워하기 때문에 그렇다. 긍정적이지 않은 태도를 통해서, 또는 아무 생각 없이 내키는 대로 하는 행동으로 목적을 달성하면, 아이들은 계속해서 이런저런 도발을 통해서 어른들의 주의를 끌려고 하게 된다.

"갓난아기를 물어다 주는 황새"는 어떤 역할을 하는가?

독일에는 아기를 물어다 주는 황새 이야기가 있다. 지상에 오기를 원하지만 아직 몸을 갖지 못한 영혼을 표현하려고 찾아낸 그림이다. 하지만 이 이야기가 말하려는 대상은 감각세계의 사실이 아니므로, 이렇게 감각세계를 지향하는 언어로는 생명이 태어나는 과정을 제대로 묘사할 수 없다. 그래서 민간에서는 옛날 사람들이 이해할 수 있었고 또 그들의 신화와 전설로 전해지는 상들로 그런 과정을 묘사했다. 오늘날 우리가 아직 충분한 지적인 상태에 이르지 못한 아이의 의식에 그 과정을 보여주기 위해 옛 표상들을 동원하려고 하면, 먼저 우리 자신이 그런 상들에 어떤 진실이 담겨 있는지를 알아내야 할 것이다. 황새라는 상에 담긴 의미를 "읽어낼" 수 없는 사람은 그 이야기를 꺼내지 않는 것이 바람직하다.

그 경우에는 차라리 세상에 오기 전 사람의 생명에 대해서 잘 모른다고 솔직하게 말하는 편이 더 낫다. 아니면 그런 것을 아는 사람을 찾아 아이들에게 이야기를 해주도록 부탁해야 할 것이다. 세상에 오기 전의 삶 같은 게 있을 리 없다는 주장은 근거가 희박할 것이다. 몸을 갖추지 않고 영혼과 정신으로 된 존재가 우리 눈에 보이지 않을 따름이다. 눈에는 보

85

이지 않지만, 우리의 사고와 감정은 그런 존재를 향해 움직인다. 성에 대한 교육적인 대화가 오로지 생물학적인 차원의 이야기에만 머물면, 아이는 그것이 성에 관한 사실의 전부가 아닐 수 있음을 본능적으로 느끼고 마음이 무거워진다. 또는 아이가 대화에 등장하는 세세한 내용을 받아들이면서도 내적으로는 그 내용에서 아무런 도움을 얻지 못한다. 아이의 호기심은 일단 충족되지만, 자신의 근원에 대한 질문에 대해서는 제대로 된 답을 얻지 못하는 것이다.

난처한 질문들

피임약을 비롯한 피임 방법의 사용에 관해 대화를 나눌 때는 반드시 다음과 같은 사실을 염두에 두어야 한다. 이 문제에 관련하여 청소년들은 인간관계와 타인에 대한 책임이라는 차원에서 자신들의 질문을 해결해 줄 사람이란 없다는 것을 느낀다. (예를 들면, 만 16세인 여자 친구에게 호르몬제로 생리일을 바꾸라고 해야 할까, 아니면 아예 그러지 않아도 되는 방식으로 사랑을 나누어야 할까, 등의 질문이 그렇다.) 출생 이전의 생명을 인정하는 문제나 인공임신중절 문제를 두고 대화를 나누기도 쉽지 않다.

또한 아동과 청소년이 이미 오래전부터 그런 문제에 대해 잘 알고 있지는 않은지 확인해야 한다. 그리고 현실에서 터무니없이 동떨어진 영상물이나 인쇄물을 접하는 환경에도 불구하고 아이들이 대단히 이상적이고 섬세한 사랑을 나누는 경험을 하고 있는지도 알아야 한다. 그런 문제에 대해서 어른들이 진정성 있는 견해를 밝히면, 대화를 나누는 아이들은 훨씬 안심하게 된다.

다음과 같은 일을 예로 들 수 있을 것이다. 만 16세인 남학생이 생물 수업이 끝나고 교실을 나설 무렵에 지나가는 말인 척하며 여교사에게 물었다. "선생님, 피임약을 먹는 게 여자 몸에 좋을까요?" 교사는 짧게 대답했다. "그렇지 않아." 그러자 학생은 "아, 네, 그렇군요. 고맙습니다." 그것으로 대화는 끝났다. 이에 관한 정확한 설명은 책에 나온다. 하지만 이 학생은 자신이 인정하는 사람에게서 그 사실에 대한 평가를 듣고자 한 것이다.

성에 대한 서로 다른 견해가 난무하는 가운데, 청소년들 사이에서는 그런 견해가 "지극히 정상"인지를 묻는 비밀스런 질문이 분명히 등장한다. 특히 또래 친구들 사이에 커플이 있고, 그 커플이 성관계를 가진다는 사실이 알려질 경우에는 더욱 그렇다. 그들은 자기 나이에 성관계를 갖고 싶다는 욕구

를 느끼지 못한 채 오로지 영혼의 교감이나 정신적으로 이상
화된 관계만을 경험하는 것이 혹시 비정상적인 일은 아닌지
궁금해한다. 우리가 만16세에서 만18세에 이르는 청소년들
과 개별 대화를 나누면서 여러 번 체험한 것은, 아직 성관계
를 갖지 못했더라도 지극히 정상이라는 얘기를 들을 때 그들
이 깊이 안도한다는 사실이었다.

입맞춤, 1816, 테오도르 제리코

"아이의 성"이 따로 있을까?

바로 이 지점에서 사람들의 견해가 갈린다. 우리의 경험
에 의하면, 성에 관한 아이들의 태도에는 모방이 중요한 역할
을 한다. 생물학적으로 생식선들은 만 9세에서 10세에 이르
러 성숙하기 시작하고, 이에 따라 성적인 발달이 진행된다.
그전까지 아이가 추구하는 것은 그야말로 온몸을 통한 체험
이다. 성감대가 점점 분명하게 드러나는 것은 만 9세부터다.
그 시기까지 아이는 "자기 전체"로서 사랑받기를 원할 뿐, 성
적인 자극을 원하는 것이 아니다. 그런데 이 아이가 어른이나
자기보다 나이를 더 먹은 친구의 관심이나 행동에 의해 자극
을 받은 경우, 어른들이 그에 따라 아이가 보이는 태도에 특
별한 관심을 주지 않는 가운데 그런 태도를 촉발한 친구와의
접촉이 줄어들도록 조치하거나 아이가 그런 사람들과 혼자
있게 하지 않는 것이 바람직하다.

그렇게 하면 아이는 다시 안정된다. 혼자 있는 시간이 많
거나 지루하게 지내고 두려움을 겪는 일이 있으면 상황이 달
라진다. 그 경우 아이는 자신의 몸을 지각하는 욕구가 강해지
고, 엄지를 빨거나 음식을 먹는 것으로 채워지거나 때에 따라
서는 과도한 자위행위를 촉발할 수도 있다.

동성애에 대한 편견

　동성애를 탈선, 변태, 질병, 비정상 등과 동일시하는 사람은 현실에서 전혀 근거가 없는 인간경시적인 편견에 사로잡혀 있음이 분명하다. 실제로 통계를 봐도, 성적인 착취, 범죄, 변태적 행위, 병적인 경향 등을 보이는 경우가 남녀를 막론하고 이성애자가 동성애자보다 소수라는 통계는 없다. 심지어 그런 부정적인 편견은 베토벤 같은 천재 예술가를 비롯해서 문화-정신계의 뛰어난 인물을 보는 우리의 일상적인 경험에서도 입증되지 않는다.

　동식물의 세계에서 암수 개체들이 성행위에서 서로를 보완하는 관계에 있음을 바탕으로 생각하면, 동성애란 불임의 상태로 "자연스럽지 않다"고 여기는 것은 사실에 부합한다고 할 수 있다. 그런데 이는 성과 관련된 행위가 오로지 종족번식만을 목적으로 하는 것이라는 생각을 전제로 한다. 하지만 사람은 그렇지 않다. 대다수의 동물은 짝짓기 시기에만 성적인 충동이 생기는 데 비해, 사람의 경우에는 그것이 여성의 배란기로 제한되지 않기 때문이다. 육체적 애정과 사랑은 짝짓기가 주된 요소가 아니라 사람들 사이에서 일어나는 관계로서 다양한 강도와 내용으로 이루어진다. 이런 관계에서 사람이 몸과 마음과 정신으로 체험하는 것은 개인차가 몹시 심해서, 그 어떤 "기준"으로 잴 수 없다.

그렇다고 해서 소아성애나 미성년자와의 관계를 동성애와 같은 선상에 놓아서는 안 될 것이다. 적어도 전세계적으로 아동과 청소년을 대상으로 일어나는 성폭력이 논란의 대상이 된 뒤로는 미성년자를 성으로 유인하고 성폭력을 가하는 행위는 동성애의 특성이 아니라 오히려 압도적으로 남녀 이성애자들에 의한 비율이 높다고 할 수 있다. 따라서 동성애에 관해서도 객관적인 교육이 이루어져야 한다. 무엇보다 학교에서 교사가 학생들에게 이 문제를 언급하는 것이 바람직하다. 동성애자였던 문학가나 역사적인 인물이 수업에 등장할 때, 교사가 그들이 동성애자였음을 숨기고 지나가지 않는다면, 동성애에 연관된 소수의 학생들은 어른들이 자신을 받아들이고 이해한다고 느끼게 될 것이다. 교사가 하는 짧지만 공정한 언급이 해당 학생에게는 일생을 좌우하는 긍정적인 순간이 될 수 있다. 그런 이야기를 통해서 학생들은 자신의 "다름"이 인정받는다는 느낌을 갖게 된다.

성폭력

오늘날에는 이 문제 또한 성교육을 위한 대화에서 점점
더 중요한 주제가 되어야 한다. 아이들과 청소년들이 자기 스
스로는 제대로 이해하거나 소화할 수 없는 많은 일을 잡지나
방송, 또는 또래들 사이의 대화를 통해서 접하기 때문이다.
이때 중요한 것은, 바로 이 문제에 관해서 아이들이 부당한
것에 대한 의식을 가지도록 일깨워져야 한다는 사실이다. 왜
냐하면, 적어도 이 문제에 이르러서는, 성이 사람에게 주어
진 자연스러운 가능성이나 사랑과 관계 형성의 문제로 국한
되지 않으며 누구도 간섭할 수 없는 개인생활의 영역이 아니
라는 것, 나아가 이 성은 마약이 그렇듯 오히려 당사자들에게
심각한 위험을 초래하고 희생과 굴종을 강요할 수 있는 것임
이 분명해지기 때문이다.

아동과 청소년들로부터 성폭력에 대한 질문을 받았을
때 일차적으로 가장 중요한 것은, 그것이 모든 사회계층의 사
람들에게 일어날 수 있다는 사실, 그리고 그런 일이 벌어지는
원인이 가해자의 인격적 성장의 결함이라는 사실을 확실하
게 알려주는 일이다. 인격적 성장이나 발달의 결함은 지적 발
달의 영역과는 상관이 없고, 의지와 감정 (학령기 이전에 일

어나는 감각 발달 영역의 결함) 또는 학령기에 발생하는 정서적 성숙의 결함과 관계가 있다.

어른, 특히 부모와 교육자가 성폭력이 일어나고 있는 상황을 알아챌 수 있도록 충분한 지식을 얻는 것이 또 한 가지 중요한 일이다. 아동이나 청소년과 함께 지내는 그들의 관심과 관찰이야말로 성폭력의 대상이 된 아이들을 돕기에 가장 좋은 위치에 있기 때문이다. 그래서 여기 몇 가지 중요한 관점을 요약한다.

성폭력 관련 개념들

어른과 아이의 관계가 다음과 같으면 성폭력이 일어난다고 보아야 한다.

- 어른이 아이를 상대로 성적인 자극을 얻을 목적으로 행동할 때
- 어른의 그런 행동에 대해 아이가 저항할 능력이나 가능성이 없을 때
- 아이가 악용당하고 있음을 스스로 느낄 때
- 아이가 자신의 상황을 제3자에게 전달하여 도움을 얻을 가능성이 아이에게 주어져 있지 않을 때

성폭력으로 희생당하는 것은 아이의 몸만이 아니다. 무엇보다 가해자(대다수는 아이에게 가장 가까운 사람이나 심지어 아이의 부모)를 향한 아이의 신뢰와 애착이 무너지고, 이와 함께 아이는 관심을 기대하는 애착과 뭔가 부당한 일이 벌어지고 있다는 느낌 사이에서 혼란에 빠지게 된다.

피해를 입은 아이가 보이는 증상들

신체적인 증거

드물기는 하지만 생식기 근처에 난 상처, 그리고 가슴, 아랫배, 엉덩이, 허벅지에 난 치아 자국이나 멍, 성기의 반복적인 염증, 속옷의 핏자국.

태도의 변화

성적인 행동을 동반하는 놀이와 그에 해당하는 표현의 사용. 여성이 하는 전형적인 성행위 자세를 보이거나 자위를 하는 것. 아이나 어른을 향한 성적인 손놀림. 지나치게 부끄러워하며 옷을 벗기를 거부하는 것. 영유아의 경우 이전과는 달리 기저귀 가는 것을 매우 싫어하다가 나중에는 머리를 쥐어뜯는 것처럼 자신에게 공격적인 행동을 하는 것. 손톱 물어뜯기, 옷 등을 가위질하는 것. 자살 시도, 병적인 습관, 집이나 유치원에서 성적인 행위를 하는 아이를 그리는 것. 아이가 구사할 수 있는 언어 범위 안에서 직설적으로 사건을 표현하거나 비유적 또는 상황적으로 사건을 묘사하는 행위. 아이의 말 중에서 밤에 검은 유령 같은 것이 자기를 만지거나 선생님의 행동이 이상하다는 표현에 귀를 기울여야 한다. 아이가 갑자기 특정한 장소나 사람에게 가까이 가기 싫다고 할 때도 마찬가지이다.

심신상관적인 증거

잦은 두통, 식욕부진, 구토, 수면장애, 야뇨증, 밤에 불안과 질식 발작을 일으키거나 이불에 대변 실수를 하는 것. 천식 발작, 언어나 시각 장애 및 주의력 결핍.

심리적인 증거

열등감과 심각한 자신감 상실, 이유 없는 불안 상태, 대인기피와 인간관계 회피. 사람들과의 접촉을 피하고 숨어드는 경향을 보이거나 반대로 낯선 사람을 포함해서 모든 이를 거리낌 없이 가까이 대하는 태도. 수치감과 죄책감, 능률의 저하나 과장된 의욕, 무력감 또는 극단적인 지배 욕구, 심리적인 질병 증상, 우울증, 각종 공포증.

드물게 예외도 있겠지만, 목록에 열거된 것들은 아이가 겪는 다른 갈등(예를 들어 부모의 이혼에 따른 갈등, 친한 아이의 죽음, 잔혹한 사건이나 트라우마를 남길 만한 일 등)에서도 나타날 수 있는 일반적인 증상임이 분명하다. 따라서 이런 증상들이 보이면 면밀히 관찰해야 하겠지만, 섣불리 아이에게 성폭력이 있었는지 물으려 하지 않기를 권한다. 그보다는 무엇보다 먼저 어떻게 대응을 시작해야 할지 전문가에게 물어야 한다. 그런 의심이 들면 우선 가정상담소, 사회복지부서와 보건소, 경험 많은 아동-청소년 전문 정신과 의사를 찾아가야 한다. 의심이 간다고 해서 어설프게 문제를 해결하려 들 때 생길 수 있는 2차 피해는 어떤 경우라도 막아야 하기 때문이다.

충동적인 행동은 유전자 때문일까?

유전과 유전학에 관한 지식과 약품을 통한 신체 기능의 통제 가능성을 바탕으로 오늘날 대단히 많은 사람들은 신체가 심리적인 체험을 결정한다고 믿는다. 그래서 사람에게서 신체와 신체 기능을 움직이는 초감각적인 본질은 별로 믿지 않는다. 자기교육이 몸과 마음의 불만족 상태에 어느 정도까지 영향을 미칠 수 있는지를 체험하고 나서야 사람들은 비로소 초감각적인 본질을 근본적으로 달리 생각하기 시작한다. 정신과 영혼은 어떤 작용을 통해서 본능과 충동과 욕구가 담긴 신체의 성장-형성 과정을 긍정적으로 자극할까?

이에 관한 견해를 뒷받침하는 사례들은 행동유전학에서 나온다. 만일 성과 관련된 행태가 유전적으로 결정된 것이라면, 예를 들어 일란성 쌍생아의 경우 둘의 성적인 행태는 적어도 상당히 닮아 있어야 할 것이다. 유전을 설명하는 모델과 그에 대한 의문에 관해서는 바슬러 차이퉁(Basler Zeitung, 1997년 7월 5일자)의 부록에 대단히 인상적인 기사가 실려 있다. 기사는 지난 50~60년대에 파렴치한 범죄 행위로 런던 암흑가를 지배했던 로널드와 레지널드 크레이라는 쌍둥이 형제의 예를 들고 있다. 둘은 일란성 쌍생아로 동일한 유전자를 가지고 있었지만, 레지널드는 이성애자인 반면, 로널드는 이른 나이에 자신의 동성애적 성향을 발견하고 평생 그에 상응하는 삶을 살았다.

《일반 인간학》 제8강에서 루돌프 슈타이너는 교사들에게 의지의 발달이 사람을 구성하는 요소들과 어떤 관계에 있는지 상세하게 설명한다. 그는 사람의 **본능적 행동**은 네 가지

구성체 중에서 물질체와 직결되어 있고, 이에 따라 감각기관
들과도 연결되어 있음을 보여준다. 이 때문에 성장기에 감각
체험을 돌보고 촉진하는 것은 본능을 건강하게 발달시키는
데 근본적인 자극이 된다고 설명한다.

본능작용은 물질체에 바탕을 둔 것처럼, **충동작용**은 에테
르체의 체험과 활용에 바탕을 둔다. 신체기관의 성장발달과
기능에서 그 모습을 드러내는 신체의 충동들은 영혼 안에서
배움의 충동 및 지식욕으로 그 활동을 보이는 사고력이 되는
데, 그 사고력은 성장력에서 변형생성 된 것이다. 그런 사고
력은 세상에 대한 아이의 관심과 배움을 향한 열정이 오로지
추상적인 지식과 실용적인 정보로만 채워져서 현실에 대한
생생한 이해에 도달하지 못하고 표피적인 지식만 얻는다면,
발달 과정에 있는 감정은 그런 종류의 사고 활동을 버리고 대
리 만족들을 찾게 된다. 그렇게 되면 아이는 자기를 현실로
이끌어주는 본보기와 중심사고 대신에 신체의 감각을 통한
체험의 세계에만 몰입한다. 그러면 감정은 일방적으로 감각
수용에 매달려 벗어나지 못하는 유아적 단계에 머물러, 나이
가 들어도 사고활동으로 이어지지 않는다. 결과적으로 감정
은 이상적인 목표와 가치를 향한 동기와 열정의 힘으로 바뀌
지 않는다. 이로써 충동 활동은 영혼과 정신의 영역에서는 빈

약해지고 신체적인 측면에서는 강화된다.

욕구작용은 본능이나 충동에 비해서 훨씬 의식적인 활동이다. 이것의 운반자는 아스트랄체와 영혼유기체이다. 감각이 전적으로 신체에 종속된 것처럼, 사고는 에테르체에, 그리고 감각은 아스트랄체에 종속되어 있다. 학교에 다니기 전, 아이의 영혼활동은 아직 사고, 감정, 행동으로 분명하게 나뉘어 있지 않다. 모방의 시기에 사고, 감정, 행동은 나뉠 수 없는 일체를 형성한다. 나중에야 비로소 사고가 감정에서 분리되고 감정이 행동에서 분리된다. 특히 감정이 순수한 즐김의 활동에서 분리되는 것이 학령기 교육의 주된 목표이다. 학교에 가기 전에 아이의 체험은 대부분 세상에 대한 자기중심적인 체험, 자기중심적인 즐김이다. "찾아내기" "맛보기" "갖기" "즐기기" 등은 전형적으로 아이들의 체험 형태이며, 오늘날 광고심리학이 정확하게 파악하고 노리는 목표가 되어 있다.

이렇게 아이의 전형적인 체험 양식에 바탕을 둔 것이 건강한 이기심과 자기연관성으로, 이것들은 유년기 초반에 형성되어, 미숙하고 순박하게 이어진다. 그런데 미숙하고 신체에 매여 있어 자기중심적인 감정의 시기가 유지되는 동안, 훗날의 발달 과정에서 맞게 되는 위기, 특히 여러 가지 인간관계의 위기를 위한 대비책이 마련된다. 타인의 감정을 공감하고 타인을 자기 자신처럼 받아들이는 법을 배우지 못한 사람의 감정은 신체지향적이며, 그에 따라 감상적인 상태가 되어 객관적이지 못하고 자기연민의 성향으로 굳어진다. 그렇지만 교육을 통해서 감정이 신체지향적인 성향에서 벗어나고 사고가 외부 세계와 현실을 지향하게 되면, 이는 신체지향적인 행동의 고착에서 풀려남을 의미한다. 그렇게 되어야만 욕구가 의식적이고 신체로부터 자유롭고 "학습욕구"와 그 충족을 지향하는 영혼활동으로 변화함으로서 자기통제 능력을 가지게 된다. 긍정적인 사고는 올바른 방향으로 인도하는 힘이 있는데, 이 힘을 얻게 된 감정은 드디어 포기를 배운다. 유아적인 방식으로 의지에 고착된 감정은 자기통제가 거의 불가능하다. 그런 경우 어느 정도라도 변화를 일으키려면 상담과 조건형성의 과정이 필요하다.

피해자를 위한 치유책들

성폭력이 유발하는 피해 가운데 핵심이 되는 문제는 발달 중인 "나-기능"의 손상이다. 신체의 영역에서는 자기 신체와의 자연스러운 동일시가 성폭력에 의해 손상되는데, 이는 아이가 자신의 몸을 혐오하는 데까지 이른다. 그뿐 아니라 아이는 자기 영혼 안에서도 안정감을 느끼지 못한다. 이는 자기 자신에게 일어난 일, 친밀하고 자신이 받아들여지는 관계에 대한 갈망, 되풀이해서 일어났고 또 지금도 일어나고 있는 일에 대한 거부감 등을 스스로도 이해할 수 없기 때문이다. 피해자에게는 자기 존중, 자기 신뢰, 자의식이 제대로 형성될 수 없었다. 왜냐하면, 사람과의 관계가 이루어지는 바로 그 접점이 폭력적으로, 그리고 되풀이해서 부서졌기 때문이다. 정신의 영역에서는 심각한 자기정체성의 손상이 생길 수도 있고, 이는 인격장애를 넘어 자아분열로 이어지게 된다. 그러므로 개별적으로 지정되는 가족치료나 심리치료와는 별도로, 가정과 학교에서는 무엇보다 먼저 바로 그 인격의 핵심을 강화하는 교육에 중점을 두어야 한다. 인격의 핵심에 접근하여 모든 영역에서 아이의 고유한 활동을 최대한 자극하고 인정할 수 있게 되면, 치유는 상당한 정도로 이루어진 것이다.

성폭력 피해를 입은 아이의 엄마들과 접촉한 경험에 따르면, 피해를 입은 아이뿐만 아니라 그 엄마들도 도움이 필요하다. 아이가 당한 일에서 상처 가운데 어떤 것이 아이의 인생에 영향을 미칠 것인가에 대한 불안과 걱정이 그들의 현실을 뒤덮고 있다. 게다가 아이를 지켜주지 못했다는 죄책감까지 더해진다. 이런 경우에는 먼저 불안이 아이의 발달을 방해하는 부정적인 영향을 미치는 요소임을 아는 것이 중요하다. 아이를 위해서라도 엄마는 의식적으로 자신들을 도울 방법을 찾아서 죄책감, 실망, 분노와 증오, 상처와 슬픔에 대처하는 방법을 배우고, 운명에 대한 믿음, 이해, 용서 등의 말로 표현할 수 있는 것을 찾아내는 것이 중요하다. 세상에는 노력해서 긍정적인 것으로 바꾸고 변화시킬 수 없는 것이란 없다. 그 어떤 실수나 심리적인 외상도 그저 끔찍하고 참담하기만 한 것은 아니다. 때로는 그것들이 인생과 발전의 의미를 훨씬 의식적으로, 그리고 새로이 이해하는 출발점이 되기도 한다.

4.
성교육 II

만프레드 반 도른
Manfred van Doorn

발도르프
성교육

아이의 몸은 균형 잡힌 인격체를 형성하는 데 결정적으로 중요한 바탕이 되며, 이를 통해서 아이는 훗날 정신적 체험을 건강하게 펼쳐나간다. 아이의 몸은 이미 태아기에 다른 사람의 개입 없이 엄청난 지혜를 얻는다. 그 시기에 사람마다 달리 나타나는 개인적 특성만이 아니라 우주의 보편적인 법칙들이 아이의 몸 안으로 흘러드는 것이다.

오늘날 개인의 다양한 능력과 특성 가운데 일부분이 신체적 경험들을 거쳐 형성된다고 생각하는 사람들도 있다. 그들의 생각은, 순산이든 난산이든 아이가 세상에 나오는 과정, 성장 속도, 타고난 지적 능력, 외모, 운동 능력 등은 외적인 조건들(주변 환경, 몸을 다치는 사고, 학교생활, 친구 등)과 밀

접한 상관관계가 있는 기초적인 요소라는 것이다.

부모의 과제는 아이가 자신과 자신의 몸이 일체임을 느끼도록, 그리고 이 지상의 몸을 가진다는 것이 행복하면서 동시에 고통스러운 일임을 받아들이도록 돕는 것이다. 근래에들어 우리 사회에 새로이 등장한 것으로 보이는 견해가 있다. 그런 견해가 생기는 데는 아마도 우리가 더 이상 경제성장을이어나갈 수 없게 되었고 자연이 정한 한계에 도달했다는 사실도 일조했을 것이다. 이 새로운 변화가 우리에게 미친 영향가운데 하나는, 우리가 고통과 죽음의 존재를 다시 분명하게허용했다는 것이다. 이는 부모들의 결정에 직접적인 영향을미친다. 아이에게 특정한 종류의 예방주사를 맞힐 것인가, 아니면 아이로 하여금 예방주사를 맞는 아픔을 겪지 않게 할 것인가, 하는 결정이 그런 예가 될 것이다.

자라나는 아이가 자신의 감각적 체험을 제대로 처리하도록 도우려면, 삶에 대한 태도에서 우리가 고통과 타격들을포함하여 신뢰로 받아들 수 있어야 한다. 편치 않은 경험이라고 해서 언제나 고통을 줄이는 수단과 현실에 대한 외면을 통해서 피해야 하는 것은 아니다. 때로는 심리적 타격과 트라우마 같은 정신적 타격이 인간적인 아름다움을 깊게 체험하는토대를 제공한다는 것을 알게 된 부모는 자기 자신이 겪는 실

입맞춤, 1907-08, 구스타프 클림트

패를 통해서도 더 큰 진정성에 도달할 수 있다.

정신적인 것을 지향하는 교육의 또 다른 면모는, 그것이 아이로 하여금 자신의 신체적인 현존으로 기쁨을 느끼는 법을 배우도록 돕는다는 것이다. 예를 들어 사람들이 아이를 친밀하게 대하여 귀여워하며 충분하게 쓰다듬어주면, 아이는 자신의 주변에서 일어나는 감각적 체험을 최적으로 처리할 수 있다. 어릴 때는 이것을 거의 의식하지 못하며 지나쳐 버린다. 그러다가 조금 자라면 지나가는 말처럼 표현한다. "아, 좋은데요. 바람이 머리를 어루만지는 것 같아요…" 또는 아이로 하여금 다양한 종류의 나무, 의류, 목재, 색깔, 소리, 냄새 등을 의식하도록 할 수 있다. 또는 아이에게 아름다운 (그림)책, 동화책 등 읽을거리를 충분히 제공할 수도 있다. 그리고 나중에는 다시 아이에게 다양한 종류의 음악을 들려주고 여러 조형예술가의 작품들을 보여줄 수 있다.

성의 영역에서 중요한 것은, 부모가 자녀를 쓰다듬거나 아이로 하여금 자신의 육체성을 향유하도록 하는 것을 얼마나 당연하게 생각하느냐는 것이다. 이 점에서 어른이 아이를 공감하고 이끄는 적극성이 어느 정도여야 한다고 정해서는 안 될 것이다. 자기 몸에 대한 아이들의 탐색 행동을 부정하고 억압하는 태도와 그런 행동을 지나치게 자극하고 부추기는 태도 사이에서 적절한 타협점을 찾아야 한다.

자기 교육, 자기 점검

아이가 자신의 육체성과 자기만의 감각적인 체험을 향유하는 것에 부모가 어디까지 인정할 수 있느냐 하는 것은, 그 사람이 자신의 상황에 얼마나 만족하느냐는 것과 직접적으로 연결되어 있다. 이런 이유로, 우리는 아이가 몇 살이 될 때까지 어른과 함께 샤워를 해도 좋은지, 아니면 나이와 관계없이 그렇게 하면 안 되는 건 아닌지, 또는 아이가 자신의 성기를 탐색하는 것을 말려야 할지, 성기를 보여주고 만지려는 아이의 요구에 어떤 식으로 대응할지 등의 문제에 대해서 모범답안을 만들 수 없는 것이다. 부모가 나누는 친밀한 부분들을 아이가 봐도 되는 걸까? 그래도 된다면 아이는 어느 정도까지 보아도 좋은 것일까? 부모가 성행위를 하고 있는 침실에 아이가 불쑥 들어왔다면, 부모는 어떻게 행동하는 것이 좋을까? 아이가 자위하는 현장을 보게 되었을 때 부모는 어떤 태도를 취하는 것이 바람직할까? 어른 쪽에서 이런 일을 문제 삼을수록, 어른이 아이에게 더 많은 문제를 전가하는 결과를 낳는다.

어느 어른에게 문제로 여겨지지 않는다고 해서 아이들이 모든 것을 보거나 어른과 함께 겪도록 해야 한다고 주장하는 것은 아니다. 다만 원천적인 문제들이 어디 있는지를 스스로 잘 확인해야 한다는 뜻에서 하는 말이다. 그렇게 되면, 부모가 아이들에게 문제를 전가해서 더 큰 문제를 만드는 것을 교육을 통해서 적어도 일부분이나마 방지할 수 있다.

자신의 발기를 매우 불편한 현상으로 받아들이는 아빠라면, 아이들에게 그런 모습을 보이지 않는 편이 더 낫다. 이와는 달리 아침에 경험하는 이런 생리적 작용이 성적인 현상이 아니라 일상적으로 평범한 일로 여기는 아빠라면, 그의 아이들이 발기된 모습을 보더라도 혼란스러워하지 않을 것이다. 물론 아빠가 아침의 발기 현상을 아이들에게 기꺼이 보여주는 경우는 당연히 얘기가 달라진다. 그런 아빠는 성적인 동기에서 일어나는 성인들의 행위를 하는 것이기 때문이다.

아이와 어른의 욕구 차이

양육자라고 해서 모든 행동을 반드시 가장 세세한 부분까지 고려해서 해야 하는 것은 아니다. 물론 언제나 자기 자신의 욕구를 절제하는 것은 도덕적인 의무이다. 자기 아이를 쓰다듬는 것은 우리에게 허용되는 대단히 좋은 감각적 체험이다. 아이에게 부정적인 영향을 미치지 않는 한, 부모의 그런 행위는 아무런 문제가 되지 않는다.

아이의 감성을 건드리지 않도록 어른들끼리 서로 성적인 만족을 얻는 것이 이상적이다. 아이의 감성은 있는 그대로 받아들여지고 인정된다. 그런데 어른들은 자신에게 허용해도 되는 것과 그렇지 않은 것이 무엇인지 고민하게 되는 상황들이 있다. 예를 들어 엄마가 수유를 하거나 아빠가 아이와 말 태우기 놀이를 하느라 아이를 허벅지 위에 얹고 있을 때 성적인 자극을 느껴 당혹스러워하는 경우가 그렇다. 부모 양쪽 또는 어느 한쪽이 성적으로 만족하지 못하고 있는 경우, 이런 당혹스러움은 그 정도가 강해진다. 그리고 그런 부모는 아이와의 접촉을 통해서 성적인 불만족을 해결하고 있을 가능성도 있다. 이렇게 되면 아이는 자신에게 적절치 않은 상황에 놓이게 되는데, 이런 상황은 애석하게도 드물지 않게 일어난다. 아이의 존재와 행동이 양육자의 성적인 불만족을 보상해야 하는 그 만큼, 그 아이는 안락한 어린 시절을 잃어 버리게 된다.

아이가 너무 이른 시기에
어른의 역할을 해야 할 때

아이가 어른의 성적인 욕구 충족에 중요한 역할을 하게 되면, 아이의 혼란은 심각해진다. 아이는 자신의 감성을 상당한 정도 빼앗기고, 자신의 발달 리듬을 벗어나게 된다. 이때 아이는 저항할 수 없는 무력한 상태임에도 불구하고 역설적으로 부모에 대한 아이의 영향력은 더욱 커진다. 이런 면에서 중요한 기능을 수행하는 아이는 자기도 모르게 강력한 힘을 가졌다는 느낌을 가지게 되고, 그런 차원에서 아이의 영혼은 너무 이른 시기에 억지로 깨어난다. 어떤 경우, 아이는 부모 가운데 한쪽에, 때로는 심지어 양쪽에 적절하지 않은 방식으로 결속한다.

여기서 나타나는 근본적인 문제는, 어떻게 하면 성인이 성인다운 방식으로 만족과 위로를 얻을 수 있는가 하는 것이다. 이는 우리에게 진정으로 인간적인 질문을 던진다. 예를 들어, 어떻게 하면 자신을 충분히 만족시킬 파트너를 얻을 수 있는가 하는 것이다. 이렇게 질문을 던지는 동안 우리는 자신의 아이들을 완전히 올바르게 대하지 않았던 점이 무엇인지 발견하게 된다. 이는 인간이 불완전한 존재라는 사실과 연결

되어 있다. 하지만 동시에 이런 인식은 우리로 하여금 발달을
멈추지 않도록 자극하기도 한다.

아이에 대한 성폭력

아이들이 성폭력을 당할 때 애정은 폭력으로 타락한다. 그런 일이 벌어지는 것은, 아직 완성되지 않은 미래의 존재를 있는 그대로 두기가 대다수의 어른에게 쉽지 않은 일이기 때문이다. 결국 아이를 상대로 성폭력을 자행할 때마다, 그 어른은 아이의 미래 한 조각을 빼앗아 자신의 채워지지 않은 욕구를 충족하는 셈이다. 그러니 모든 성폭력은 글자 그대로 "시간 약탈"이 된다.

이런 식의 사건은 우리가 범하는 많은 과오에서 반복된다. 예를 들어, 우리가 장미를 밤낮으로 네온등 아래 두어서 빨리 키워 팔 수 있지만, 그것은 시간에 대한 폭행이다. 우리가 생전에 회복시킬 수 있는 것보다 더 많은 에너지를 사용하거나 환경을 더 많이 오염시킨다면, 우리는 미래의 일부분을 훔치는 것이다. 이 모든 과오는, 우리 존재의 불완전함으로 생기는 불만족은 우리 스스로 견뎌낼 일이므로 그런 불만족을 채우려고 다른 이들을 희생시켜서는 안 된다는 생각을 실천하기가 쉽지 않은 일이기에 생긴다.

어른이 아이의 순수성에 주목하지 않거나 아예 그 순수성이 반드시 지켜져야 한다는 것도 알아차릴 만한 감수성이 없는 경우, 그런 어른은 쉽사리 아이를 자신의 육욕을 충족하는 데 악용한다. 아이는 마음이 열려 있고 의존적이게 마련이고, 자존감까지 아직 확실하지 않아서 그런 종류의 악용에 희생될 가능성이 크다. 폭력의 원인을 탐색하면서 놓치기 쉬운 것은, 때에 따라서는 아이의 개인적인 특성이 훨씬 "성숙하게" 보일 수 있다는 문제이다. 즉, 아이가 한편으로는 매력적이고 연약하고 유연해 보이는데, 또 한편으로는 이 드라마에 다른 측면이 있을 수도 있다는 것이다. 즉, 가해자인 성인은 부분적으로 청소년 같은 외모 뒤에 느껴지는 아이의 정신적인 개성으로 인해 잘못된 결론을 내리고, 그 바람에 아이를 자신과 대등한 "다 자란" 상대로 여기게 된다.

바로 이 문제에서 "카르마"라든가 "다시 태어남" 같은 생각을 불러들이지만 역시 위험할 수 있다. 가해자들을 대하면서 필자는 가해자들의 확신에 찬 주장을 종종 듣는다. 그것은 "지난번 생에서 나는 내 딸하고 부부였어요"라거나 "지난번 생에서 그 아이는 내 친구였습니다" 등의 이야기이다. 이런 식의 주장은 거짓말이고 위험하기까지 하지만, 아이와의 왜곡된 관계가 카르마의 혼란이 들어있을 수 있다. 가해자가 과거에 완전히 다른 관계 안에서 알게 된 상대의 어떤 정신적 개성이 그런 상황을 만드는 데 영향을 미쳤을 수 있다.

성폭력을 당한 아이는 그때까지 깨어나지 않았던 힘들을 너무 일찍 경험하게 된다. 이 힘들은 그런 성폭력을 통해서 갑자기 등장하여 아이를 지배하게 된다. 그러면 이미 어린 시절에 아이 안에서는 폭력으로 부서진 어른이 자라나고, 그런 상태의 아이는 주변 사람들에게 거의 마술적인 매력을 발산한다. 청소년기 체험에서 그런 매력은 어린 시절에 아이가 당한 폭력의 영향에서 기인할 수 있다. 즉, 어린 시절에 자신에게 벌어진 일에 대해 침묵을 지켜야 했거나 아빠 또는 엄마가 감정적으로 자신에게 종속되는 경험이 바로 그것이다. 심지어 체벌의 경우에도, 매를 맞은 아이는 주변 사람들에게 강한 영향력을 미친다. 그런 아이는 일종의 제물이나 피뢰침처럼 자신을 희생하고, 그 대신 가족을 지배하던 팽팽한 긴장은 해소된다. 그런 아이는 때리는 아빠와 맞는 엄마 사이로 자기 몸을 던져 엄마를 "구하는" 경험을 하기도 한다.

그런 종류의 아픔을 치유하는 작업을 할 때 절대 잊지 말아야 할 것은, 어떤 문제 상황에도 반드시 권력이라는 요소가 숨어 있다는 사실, 그러므로 "상상 속의 이상적인" 부모가 가진 절대권력을 생생한 상을 동원해서 상대화하는 것이 피해자에게 큰 도움이 된다는 사실이다. (필자가 진행하는 치유 과정은 그룹별로 진행되지만, 거기서 각 피해자의 상황을 개별적으로 접근한다. 참가자 한 사람 한 사람이 가져오거나 제시하는 테마는 그룹 구성원들에 의해 그야말로 생생한 상으로 바뀐다. 자신이 일방적으로 생각하는 "이상적인 부모"의 상에 매여 있는 피해자는 그런 상대화 작업에서 도움을 얻는다. 이런 방식의 상대화 작업 없이는, 어린 시절에 자주 무엇인가의 결핍을 겪은 아이는 결코 불만이 해소되어 만족감을 느끼게 되거나 진정한 도움을 얻는 경험을 하지 못한다. 제3자의 눈에 그런 사람은 무엇에도 만족할 줄 모르는 사람, 끝없이 가지기를 원하는 사람으로 비친다!)

　　일단 그런 문제 상황을 처리하는 방법을 배우고 나면, 적지 않은 피해자는 생명력과 직감적인 감각으로 자신을 무장한 셈이 된다. 그리고 그런 직감력에서 명상 능력뿐 아니라 심지어 미래를 내다보는 능력을 얻을 수도 있다. 옛날의 상처가 아문 자리에서 "부활의 힘"이라는 꽃이 피어나는 것이다.

너무 이른 시기에 나타나는
어른스러운 태도

자신의 나이에 상응하는 특정한 욕구가 무엇인지 구별해내는 것은 어른으로 자라는 과정에서 중요한 과제의 하나이다. 위로를 받고자 하는 욕구나 매혹적으로 보이고 싶은 욕구를 동년배 상대에게서 채우지 못한 어른은, 의식적이든 무의식적으로 자신의 결핍을 채우려는 행동을 아이들에게 요구하는 잘못된 경향을 보이게 된다.

부모 가운데 한쪽을 도와야 자기 곁에 붙잡아 둘 수 있다는 생각을 하여, 아이 자신이 뭔가 희생을 치러야 한다고 직감하게 되는 극적인 상황들이 벌어지기도 한다. 예를 들어 엄마나 아빠가 몸부림치며 우는 모습을 목격한 만 두 살짜리 아이는 자기 안에서 아직 잠들어 있어야 할 힘들을 불러 올린다. 부모 중 어느 한쪽을 잃어버릴지도 모른다는 두려움 때문에, 어쩔 수 없이 아이는 어른을 위로한다. 그러면 어떤 결핍을 가진 어른이 또 생겨나는 것이다. 이렇게 나이 어린 어른은 치유 과정에서 성숙한 어른의 도움을 받아 결핍을 슬퍼하고 견뎌냄으로써 자신의 결핍이 다음 세대로 이어지는 악순환을 끊을 가능성을 얻게 된다.

심리요법을 진행하는 중에 흔히 분명히 드러나는 사실
은, 그들이 겪은 부당한 일들을 있는 그대로 직면하는 것이
대단히 중요하다는 점이다. 그렇게 해야 그 부당한 일들이 적
어도 그 정도의 강도로 아이들에게 대물림 되지 않을 것이기
때문이다. 아이, 배우자, 주변 사람들을 향하는 불순한 성적
의도의 바탕에는 어느 경우에나 같은 문제가 자리잡고 있는
데, 바로 가해자 자신의 욕구불만이다. 그것은 스스로 해소해
야 한다. 이런 관점에서 보면, 도덕적인 발달에는 다른 사람
에게 가해지는 부담을 최소화하는 욕구 충족 방법을 찾아내
야 할 의무도 포함된다. 중요한 것은, 자기 학대로 이어지지
않고 오히려 가치 있는 목표나 기쁨의 원천이 될 수 있는 일
정한 정도의 지탱 방법을 찾을 수 있어야 한다.

참고문헌

Aeppli, W.: *Sinnesorganismus - Sinnesverlust - Sinnespflege*. Aktualisierte Neuausgabe, Stuttgart 1997. (W. 애플리, 감각조직-감각상실-감각육성)

Bass, E./Davis, L.: *Trotz allem - Wege zur Selbstheilung für sexuell missbrauchte Frauen*. Orlanda Frauenverlag, Berlin 1992. (E. 배스/L. 데이비스, 무슨 일이 있어도 -성적 피해 여성의 자기치유법)

Cole, B.: *Mami hat ein Ei gelegt*. Sauerländer Verlag 1993. (B. 콜, 엄마가 알을 낳았어요)

Das Ministerium für Arbeit, Gesundheit und Soziales des Landes Nordrhein-Westfalen gibt folgende 2 Broschüren kostenlos ab (노르트라인베스트팔렌 주 노동건강복지부 발행 무료 브러셔2종):

1. *Sexueller Missbrauch von Kindern. Expertise zum 5. Jugendbericht der Landesregierung NRW*. (아동의 성적 피해. 노르트라인베스트팔렌 주정부 제5차 청소년보고서를 위한 자문서)

2. *Was stimmt da nicht? Sexueller Missbrauch: Wahrnehmen und Handeln*. (여기서 잘못된 것은 무엇일까? 성적 피해의 인지와 대응)

Glöckler, M.: *Die männliche und weibliche Konstitution. Medizinisch-menschenkundliche Aspekte zur Ehe*. Stuttgart 1989. (M. 글뢰클러, 남성의 구조, 여성의 구조. 의학과 인간학에서 본 결혼생활의 여러 측면)

Glöckler, M.: *Elternfragen heute.* Stuttgart 1992. (M. 글뢰클러, 오늘날 부모가 던지는 질문)

Goebel, W./Glöckler, M.: *Kindersprechstunde.* Verlag Urachhaus, Stuttgart 1999. (W. 괴벨, M.글뢰클러, 자녀상담실)

König, K.: *Sinnesentwicklung und Leiberfahrung.* Stuttgart 1995. (K. 쾨니히, 감각 발달과 신체 경험)

Lautmann, R. (Hrsg.): *Homosexualität. Handbuch der Theorie- und Forschungsgeschichte.* Frankfurt/New York 1993. (R. 라우트만 편저, 동성애. 이론과 연구의 역사 핸드북)

Leber, St./Schad, W./Suchantke, A.: *Die Geschlechtlichkeit des Menschen: Gesichtspunkte zu ihrer pädagogischen Behandlung.* Stuttgart 1989. (St. 레버/W. 샤트/A. 주한트케, 인간의 성: 성의 교육학적 대응을 둘러싼 관점들)

Meves, Chr.: *Kindgerechte Sexualerziehung.* Verlag Weisses Kreuz. (Chr. 메페스, 아동지향적인 성교육)

Müller, J/Geisler, D.: *Ganz schön aufgeklärt.* Loewe Verlag 1993. (J. 뮐러/D. 가이슬러, 제대로 알려주다)

Schad, W.: *Die Scham als Entwicklungsraum des Menschen.* In: *Erziehungskunst.* Stuttgart 1994. (W. 샤트, 인간의 발달 공간인 수치심)

Schneider, S./Rieger, B.: *Das Aufklärungsbuch,* Ravensburger. (S. 슈나이더/B. 리거, 성교육)

Suchantke, A./Leber, St./Schad, W.: *Die Geschlechtlichkeit des Menschen.* Verlag Freies Geistesleben 1989. (A.주한트케/St. 레버/W. 샤트, 인간의 성)

van Doorn, R: *Sexualität.* Verlag Urachhaus, Stutgart 1999. (R. 반 도른, 성)

Wais, M.: *Biographiearbeit - Lebensberatung.* Verlag Urachhaus, Stuttgart 1992.
(M. 바이스, 생애주기작업 - 삶의 조언)

Wais, M.: *Der ganz alltägliche Mißbruach.* edition tertium, Ostfildern 1996.
(mit I. Gallé)(M. 바이스, 일상에서 일어나는 성적 피해)

Wais, M.: *Der Mythos der heilen Kindheit.* Verlag Mayer, Stuttgart 1998. (M. 바
이스, 상처 없는 유년기라는 신화)

Wais, M.: *Entwicklung zur Sexualität.* 1997. (M. 바이스, 성의 발달)

Wais, M.: *Feldmann und der Erzähler. Verlag Mayer,* Stuttgart 1997. (Pseudo-
nym: Leonhard W. Morrison) (M. 바이스, 펠트만과 이야기꾼, 레너드 W. 모
리슨이라는 가명으로 출간)

Wais, M.: *Ich bin, was ich werden könnte.* edition tertium, Ostfildern 1995. (M.
바이스, 나의 미래가 바로 나다)

Wais, M.: *Individualität und Biographie.* Verlag Urachhaus, Stuttgart 1992. (M.
바이스, 개별성과 생애)

Wais, M.: *Karma und Begegnung.* Gesundheitspflege initiativ, Esslingen 1999.
(M. 바이스, 카르마와 만남)

Wais, M.: *Sexueller Mißbrauch - Biographie an der Schwelle.* aus: M. Straube/R.
Hasselberg (Hrsg.): *Schwellenerlebnisse - Grenzerfahrungen - Krisensituationen
in der Biographie.* Verlag Urachhaus, Stuttgart 1994. (M. 바이스, 성적 피해 - 생
애의 위기)

Wais, M.: *Sexueller Mißbrauch.* Gesundheitspflege initiativ, Esslingen 1999. (M.

바이스, 성적 피해)

Wais, M.: *Sinn und Unsinn der Ehe heute.* Gesundheitspflege initiativ, Esslingen 1997. (M. 바이스, 오늘날 결혼의 의의와 불합리)

Wais, M.: *Töte Lama noch einmal.* Verlag Mayer, Stuttgart 1999. (M. 바이스, 또 한 번 라마를 죽여라)

Wais, M.: *Trennung und Abschied. Der Mensch auf dem Wege.* Verlag Mayer, Stuttgart 1998. (M. 바이스, 결별과 작별. 삶의 여정)

Wais, M.: *Über den roten Faden im Lebenslauf des Menschen.* Gesundheitspflege initiativ, Esslingen 1995. (M. 바이스, 인생에서 따라야 할 기본 노선에 관하여)

인지학 영혼달력
루돌프 슈타이너 명상시 52편

루돌프 슈타이너 지음 / 8,000원
발행 한국인지학출판사

발도르프 교육과 인지학의 창시자인 저자가 봄에 접어드는 4월 첫째 주를 시작으로 1년 52주, 52개의 잠언을 모아 엮은 책입니다. 계절의 흐름에 따른 우주 순환과 자기 내면의 변화, 그리고 그 사이의 의미 가득한 연결을 생생한 이미지로 그려냈습니다.

발도르프 교육예술

루돌프 슈타이너 지음 / 17,000원
발행 한국인지학출판사

이 책은 런던에서 발도르프학교를 모델로 하는 초등학교 설립이 결정되었을 때 그곳 초대 교사진을 위해 이루어진 강연을 기록한 것입니다. 슈타이너 박사가 생전에 제공한 마지막 교육학 강좌로 주목 받는 이 자료를 통해 우리는 인간 본성을 중시한 발도르프 교육예술의 정수와 여러 교과목의 혁신적 교수방법론을 쉽게 이해할 수 있습니다.

인간과 지구의 발달
아카샤 기록의 해석

루돌프 슈타이너 지음 /
장석길, 루돌프 슈타이너 전집발간위원회 옮김 / 25,000원
발행 한국인지학출판사

우주와 인류가 걸어온 역사의 본질은 무엇일까? "아카샤"(우주 만물)에 새겨진 생성과 발달의 흔적은 우리에게 어떤 이야기를 들려주는가? 인간과 지구의 발달을 설명하는 루돌프 슈타이너의 인지학 논집 <아카샤 기록으로부터>의 한국어 초역본.

루돌프 슈타이너 자서전
내 인생의 발자취

루돌프 슈타이너 지음 /
장석길, 루돌프 슈타이너 전집발간위원회 옮김 / 35,000원
발행 한국인지학출판사

발도르프 교육학의 창시자, 인지학 설계자가 육성으로 들려주는 깨우침의 기록이자 고백록.

철학·우주론·종교
인지학에서 바라본 세 영역

루돌프 슈타이너 지음 /
루돌프 슈타이너 전집발간위원회 옮김 / 13,000원
발행 한국인지학출판사

유아 그림의 수수께끼
성장의 발자국 읽기

미하엘라 슈트라우스 지음 /
여상훈 옮김 / 24,000원

발도르프 교육의 고전, 영유아기 그림 언어에 담긴 수수께끼를 풀어주는 열쇠.

한국인지학출판사
KOREA ANTHROPOSOPHY PUBLISHING

www.steinercenter.org | waldorfnews.co.kr
서울시 마포구 독막로 230 (신수동) 우리빌딩 2층 02-832-0523

발도르프 아동교육 발달 단계의 특성에 기초한 교육

루돌프 슈타이너 지음 / 12,000원 / 발행 씽크스마트

발도르프 교육론은 자유로운 생각, 자발적인 표현과 사고 안에서 주체적인 사람으로 거듭나게 하는
교육 철학이다. 이 책은 창의 인성 교육에 관심을 가진 사람들에게 훌륭한 교육 지침서가 될 것이다.
-박수찬(서울시 남부교육지원청 교육지원국장)

발도르프 육아예술 조바심 · 서두름을 치유하는 거꾸로 육아

이정희 지음 / 14,000원 / 발행 씽크스마트

43가지 발도르프 육아 이야기
인지 위주의 학습을 멀리하며 자유로운 놀이로 아이 고유의 본성을 이끌어 내는 한편, 건강한 신체
발달을 이루고 자신의 의지를 조절할 수 있게 해주는 교육이다.

신 인간 과학 우주 생명 정신을 주제로 한 석학들의 대화

한스 페터 뒤르, 클라우스 미하엘 마이어 아비히, 한스 디터 무훌러, 볼프하르트 판넨베르크, 프란츠 M. 부케티츠 지음 /
여상훈 옮김 / 14,000원 / 발행 씽크스마트

신은 계속 '존재'할 것인가
인간은 어떻게 '진화'하는가
과학은 모든 것에 '답'할 수 있는가

아들아 콘돔 쓰렴 아빠의 성과 페미니즘

이은용 지음 / 13,000원 / 발행 씽크스마트

아빠가 아들에게 전하는 솔직한 성과 페미니즘 이야기. 사람과 사람 사이에 감정은 어떻게 전달하고,
몸은 어떻게 접촉해야 하는지 자연스럽게 알려주며 바람직한 가치관으로 성을 생각하도록 돕는다.

발도르프 성교육 아동 발달을 토대로 한 성교육 지침

마티아스 바이스, 엘케 륌케, 미하엘라 글뢰클러, 볼프강 괴벨, 만프레드 반 도른 지음 / 이정희·여상훈 옮김 / 12,000원

발도르프 교육학자, 소아청소년과 의사, 심리상담 치료사가 교육적 관점으로 가정과 교육 현장에서
아이들이 겪는 성의 발달에 어떻게 동행하고 성교육을 언제 시작해야 할지 성교육의 기본 방향을 안
내합니다.

---

www.facebook.com/thinksmart2009
서울 마포구 토정로 222(신수동) 한국출판콘텐츠센터 401호 02-323-5609

부 모 되 는
철학시리즈

부모 노릇은 지구상에서 가장 힘들고 까다로우며 스트레스가 따른다. 동시에 가장 중요한 일이기도 하다. "부모되는 철학 시리즈"는 아이의 올바른 성장을 돕는 교육적 가치관을 정립하고 더 행복한 가정을 만들어 가는 데 긍정적인 역할을 할 것이다. 부모가 행복해야 아이들도 행복하다. 행복한 아이들, 행복한 부모, 행복한 가정 속에 미래를 꿈꾸며 성장시키는 것이 부모되는 철학의 힘이다.